至简教育：
别与孩子较劲

秦乾 ◎ 著

2020年·北京

图书在版编目(CIP)数据

至简教育：别与孩子较劲 / 秦乾著. -- 北京：当代中国出版社，2020.1
ISBN 978-7-5154-0982-5

Ⅰ. ①至… Ⅱ. ①秦… Ⅲ. ①家庭教育 Ⅳ. ① G78

中国版本图书馆 CIP 数据核字（2019）第 260868 号

出 版 人	曹宏举
责任编辑	陈 莎
责任校对	康 莹
封面设计	闫冠美
出版发行	当代中国出版社
地　　址	北京市地安门西大街旌勇里 8 号
网　　址	http://www.ddzg.net 邮箱：ddzgcbs@sina.com
邮政编码	100009
编 辑 部	（010）66572264　66572154　66572132　66572180
市 场 部	（010）66572281　66572161　66572157　83221785
印　　刷	北京润田金辉印刷有限公司
开　　本	720 毫米 ×1020 毫米　1/16
印　　张	10.5 印张　1 插页　160 千字
版　　次	2020 年 1 月第 1 版
印　　次	2020 年 1 月第 1 次印刷
定　　价	45.00 元

版权所有，翻版必究；如有印装质量问题，请拨打（010）66572159 转出版部。

序

我选择从事教育行业，来自两个方面原因，一是受曾祖的影响，曾祖曾为省教育督学，追随孙中山、廖仲恺，本着教育救国的理想从事革命事业；二是来自一部电视剧《恰同学少年》，当看到杨昌济先生因为遇到毛泽东、蔡和森、萧子升等有志青年，于是放弃了更好的待遇，选择留在长沙师范学校任教，我被先生的这种思想格局打动，于是放弃大学所学的医学专业，弃医从教。在这之初，无论别人评论这个领域有多么艰难，我还是义无反顾地踏了进来，这一走就是14年。

14年来，我看到了很多孩子出现的各种各样问题；看到了很多家长在家庭教育当中的困惑迷茫；看到了很多家长因为不会教育孩子而发生的悲剧，通过实践、论证、总结，掌握了一套简单、高效的方法，同样也是一种工具，《至简教育》一书由此而生，主要是关于0—18岁孩子教育的一些方法、技巧，以便家长灵活运用，从而更好地教育在现代化、信息化环境中长大的孩子。

在整个教育当中，影响孩子的有家庭、学校、社会，我认为：家庭教育占90%，学校教育占8%，社会教育占2%，所以家庭教育尤为关键，父母才是孩子终生的施教者和影响者，家庭教育要远大于学校教育和社会教育，父母的教育方式、思维方式、父母的境界和格局，将决定孩子的一生。

孩子是上天赐给父母的最好礼物。当孩子们突破和改变之后，那种真善、乐观、阳光、积极都将毫无保留地展现出来，没有一个孩子愿意当"坏孩子"，每个孩子都想成为有出息的孩子，都想成为一个优秀的孩子，都想成为爸爸妈妈以及老师眼中的好孩子，可是因为一些错误的教育方式导致家长和孩子之间有了隔阂，只有通过家长学习和孩子参加训练才可以让这样的心结打开，让家长和孩子彼此找到各自的问题。此刻，对家长和孩子而言都将是一个新的开始！

世界著名画家、现代艺术的创始人毕加索的妈妈告诉儿子："儿子，你要参军一定会成为将军；儿子，你要入教一定会成为教皇。"

父母在教育当中要会引导而不是指导，无论我们的孩子怎么样，一定要学会鼓励和引导我们的孩子。想要把孩子培养成圣人，那家长首先要成为圣人的父亲或者母亲。一个孩子的失败，是从爸爸妈妈的放弃开始的。无条件地相信我们的孩子，给予孩子持续的鼓励，这样的孩子肯定会有一番作为。

2016年，我和青少年潜能开发大师管策老师、亲子教育专家贺蕊老师共同创办了北京慧世界教育，培训过数万名孩子，有数十万的家长参加过我们的教育训练。当我看到一个个孩子因为参加我们的训练而拥有了远大的梦想、懂得了感恩、树立的正确的价值观、人生观，当我看到一个个家长因为学习而改变自己的教育方式、方法，掌握了正确教育孩子的理念，这让我懂得了生命的意义，拥有了更大的梦想，同时也感到身上的压力，那就是唤醒更多的家长，帮助更多的孩子。

因为爱，让我们坚守教育行业；因为喜欢，让我们热爱教育行业。14年来，我们在另外一个场地履行着教育者的职责，爱是教育的火焰，我们用本真的思想、草根的力量去从事教育事业，我坚信，我们会一如既往地走下去。

这些年，我们饱受争议；这些年，我们竭尽所能；这些年，我们披荆斩棘，用爱、用情、用心对待每一个孩子、家庭、学校，深得学校、家长、孩子的认可，这是我们所有老师共同努力的结果，更是大家无私付出的结果。

教育，不是外在的强迫，而是自己的选择；不是为别人做，是为自己做。慧世界教育也是如此，唯有这样，我们才能做好同行的榜样；唯有如此，我们才能在教育的这条路上走得更远。

找到了路，就要举步远行。对我们慧世界教育人来说，"用心做教育，用爱做教育"，就是我们选定的路。我们不怕远行，不怕缓慢，只要坚持，就会有奇迹。让我们共同担当起"帮助孩子成长，幸福每个家庭，强大我的祖国"的使命，擦亮每一个日子，呵护每一个生命，为探索教育真谛，为实现人生梦想，且歌且行，永远前行！

序

我们虽然不是学校的老师，但是胜似学校的老师，因为时代的不一样、因为教育的多元化，我们必须肩负起家庭教育和孩子培养的重任，以唤醒更多的家长和孩子为己任，努力前行！

未来的路很长，但我相信我们的生命将会越来越精彩。每个人来到世界都有自己的使命，存在就是为了影响生命，感召更多的人，让我们共同打造一个平台，一群人、一条心、一件事、一辈子，一路前行！

我此生只有一个梦，那就是教育梦；

我此生只为一种人，那就是为孩子；

我此生只有一种情，那就是教育情。

我此生都会坚守在教育这份事业中，把自己交给家庭教育事业，为此而终身努力。

秦乾

2019 年 6 月 20 日

目录

第一章 树立角色——适度参与，大胆放手
第一节 孩子童年不可缺席 / 2
第二节 行为控制使不得 / 6
第三节 对孩子有信心 / 10
第四节 摆正心理位置 / 13

第二章 发掘兴趣——发现兴趣，造就特长
第一节 尊重兴趣选择 / 18
第二节 保护兴趣爱好 / 22
第三节 培养猎奇探索心 / 26
第四节 保持兴趣专注 / 29

第三章 转化情绪——出现情绪，重在引导
第一节 释放负面情绪 / 34
第二节 克制孩子的脾气 / 38
第三节 保护孩子的自尊心 / 42
第四节 以身作则控制情绪 / 46

第四章 主动沟通——积极交流，耐心倾听
第一节 与孩子交流 / 50
第二节 解放话语权 / 54
第三节 让孩子爱说话 / 57

第五章　学会学习——化被动为主动

第一节　学习积极性的养成 / 62

第二节　学习主动性的塑造 / 66

第三节　及时消化所学知识 / 70

第四节　激发孩子的学习动力 / 73

第六章　积极交友——独立社交的正确开启

第一节　孩子相处少介入 / 78

第二节　理智旁观，适度保护 / 82

第三节　接纳孩子的朋友 / 86

第四节　让孩子学会原谅 / 90

第七章　看透说谎——防止谎言的出现

第一节　客观看待说谎现象 / 94

第二节　分析说谎原因 / 97

第三节　谎言不值得依赖 / 101

第四节　以身作则，真诚相处 / 105

第八章　出现错误——怎样看待和纠正

第一节　帮孩子认识错误 / 110

第二节　怎样对待错误 / 114

第三节　培养后果意识 / 118

第四节　鼓励试错 / 121

第九章　理性竞争——平衡竞争过程和结果的意义

第一节　纠正攀比心理 / 126

第二节　降低期望，学会放弃 / 130

第三节　让孩子学会减压 / 134

第四节　做好受挫心理疏导 / 138

目录

第十章 传递责任——把责任感交给孩子
第一节 让孩子承担责任 / 144
第二节 自己的事自己做 / 148
第三节 监督孩子遵守承诺 / 151
第四节 消除孩子依赖性 / 154

第一章

树立角色——适度参与，大胆放手

父母，是孩子的第一任老师，担负着最重要的教育责任，直接影响孩子未来的人生走向。而在教育孩子之前，父母要做的第一件事，就是树立自己的角色，只有角色定位正确，才知道怎样教育、管理孩子最为恰当，最有利于孩子身心健康成长。

有时父母会无意间站在错误的角色定位上，对孩子产生不良的影响。例如，没有站在家长的位置上，不够关心孩子成长，即失位；有的家长则用力过猛，尽力去掌握孩子的一切，用语言和行为去制约孩子的行动，即越位；在家庭关系中，大人围绕孩子转，无底线地溺爱孩子，纵容孩子，即错位。

所以，为人父母最基本的原则是：不失位，不越位，不错位。

第一节 孩子童年不可缺席

背景：夫妇都是公司小职员，儿子小宝7岁，上小学一年级。

问题：因为父母都忙于工作，加上生活压力，疏于对孩子的陪伴。

星期三晚6点，爸爸准时回到家，妈妈已经把儿子从学校接回来，正在厨房忙碌着。

小宝在玩着汽车玩具，看到爸爸回来，拿着玩具很开心地跑到爸爸身边，向爸爸讲着今天和其他小朋友做游戏的事情。爸爸则兴致不高地应和着："是吗，儿子真棒，爸爸刚回来，让爸爸先去洗洗啊，乖小宝！"说着脱下外套，亲了儿子一口就去洗脸去了。儿子呢，故事讲了一半就失去了听众，很不开心。

看到妈妈端着菜放到餐桌上，小宝立刻跑过去缠着妈妈："妈妈，和我一起玩拼图吧，看看谁拼得快！"

妈妈惦记着锅里的水快烧开了，忙着回去看着好关火，于是头也不回地和儿子说："乖儿子，赶紧洗手准备吃饭啦，吃完饭再玩。"

小宝只好去洗手，正碰上爸爸洗完脸出来，手里正忙着回复手机微信消息，看到爸爸看都没看自己，也气鼓鼓地不吱声，钻进洗手间洗手去了。

吃完饭，爸爸照旧往沙发上一歪，插着充电器打开游戏，白天忙一天了，回家可算能歇会儿了。

妈妈则收拾完桌子又急匆匆地去洗碗，惦记着更新的韩剧，麻利地收拾好厨房，看小宝乖乖地趴在桌子前守着平板电脑看动画片，就放心地去屋里打开手机戴好耳机，看起了韩剧。

小宝自己看了一会儿动画片，觉得有点无聊，想找妈妈玩，走到妈妈旁边，"妈妈，妈妈，陪我一起玩拼图吧。"

妈妈眼睛都没离开电视剧："乖乖宝贝，妈妈很累了，让妈妈休息会儿吧，动画片要是看完了让爸爸再给你下载几集，去吧去吧。"

第一章 树立角色——适度参与，大胆放手

小宝抱着平板电脑，看看客厅里打游戏打得不亦乐乎的爸爸，嘬着嘴继续看动画片了。

就这样一直到晚上9点，小宝该睡觉了，妈妈才来收走平板电脑，催他上床睡觉。小宝听话地跟着妈妈去刷牙，躺在床上准备睡觉的时候和妈妈说："妈妈，能不能讲个故事再睡啊，我不困。"

妈妈一边给小宝掖好被子一边说："乖儿子，这么晚了，赶紧睡觉吧，早睡才能长高个哦，明天妈妈再给你讲，乖，快睡吧儿子。"

分析

从故事中，大家可以明显体会到家长的陪伴意识薄弱，通过物质满足了孩子，却忽视孩子成长过程中的精神世界是否丰裕。孩子是渴望父母陪伴的，渴望与父母有更多的互动和交流。当然，还有很多现实生活中的例子：忙于经商而将孩子寄养在老人身边，或外出务工常年与孩子分开生活等，殊不知其后果的严重性。那么，陪伴究竟有多么重要呢？

孩子作为独立的个体，即使没有家长的陪伴，确实也能长高长大，但父母的爱是孩子赖以生存的心理资本，这种根本的需求如果被人为地转移或空置，就会造成失落和缺憾，影响孩子性格的后期发展，导致心理发育不完全。

更重要的是这种情感如果长期得不到满足，长大以后就无法弥补。如同根部缺乏滋养的大树，他的成长是禁不起风雨磨砺的，他的内心空落落的，任何人都很难再走进他的内心。

而从小有父母陪伴的孩子，长大以后才能善待他人。早期的依赖情感得到满足，才会建立对外界的信任，这种信任是日后人际关系发展的根本。

从监护角度来看，用心陪伴还能保护孩子。因为孩子成长过程中的各种变化父母都能及时发现并纠正，如对孩子是否沾染不良风气可以第一时间察觉和处理。

有一个问题需要重点指出：陪伴并不只是母亲的责任！

在很多中国家庭中，爸爸一般都担任着顶梁柱的角色，认为自己的任务就是赚钱养家，养孩子干家务什么的，那是女人干的事。这就是很多中国爸爸的

现实缩影,他们总是以为:陪伴和教育孩子是妈妈的事情,孩子的成长与自己无关。

著名心理学家格尔迪说:"父亲的出现是一种独特的存在,对培养孩子有一种特别的力量。"父亲,是孩子生命历程中不可或缺的一部分。有研究表明,缺乏男性教育往往会使孩子表现出多愁善感、性格懦弱、胆小怕事以及性格孤僻、自卑等特点。而一位父亲连陪伴孩子都做不到,更何谈教育培养!

可以说,没有爱就没有教育。教育的基础一定建立在爱的基础之上。而这个"爱",即依恋关系。

只有和孩子建立亲密的依恋关系,孩子在后续成长过程中才能自觉自愿地接受抚养人的管教和指引。否则,他就会充满反抗和敌对情绪。

中国历史上有一个典型的事例——末代皇帝溥仪。

溥仪在自传中这样谈到,年幼时他不把太监当人看,常常捉弄他们,折磨他们,甚至差点弄出人命。

教导他的老师和太妃太后们会用尽各种历史故事来教育他、劝导他不可以这样做。

然而,他一句话也听不进去,甚至会烦躁得想动手杀人。然而,当乳母告诉他不可以这样做的时候,他便听从了。

因为他的潜意识告诉他:不能违逆她。

为什么会这样?因为溥仪3岁时就被抱入皇宫,当时身边只有乳母王焦氏做伴,她一直陪他到9岁。他和乳母有着亲密的依恋关系,他信她、爱她、感谢她,所以他愿意听她的话。

0—12岁是父母陪伴教育孩子的有效期,如果7岁之前的陪伴缺失了,8—12岁这个阶段,弥补还来得及,如果再错过,父母与孩子之间的纽带就很薄弱了,可能就永远无法弥补了。

 **对策**

家长们平时不管多忙,在下班以后,在周末的时光,要给孩子专属的"亲子时间",放下手机多陪孩子玩游戏,一起做孩子喜欢的事情,让孩子感受到

被重视。多带孩子出去走走，了解孩子的内心世界，关注孩子的心理健康。

在孩子想念你的时候，拥抱他；在孩子需要你的时候，告诉他：我在。更重要的是，别轻易对孩子发脾气，更不要采用暴力的方式。参与孩子7岁前成长的父母控制不住吼孩子，孩子也许会轻易选择原谅；但没参与过孩子7岁前成长的父母吼孩子、骂孩子，只会让孩子把心门关闭得更紧，将彼此推得更远。

父母能够给孩子最好的礼物就是陪伴他们，陪伴他们成长真的很重要。

第二节 行为控制使不得

故事

背景：爸爸在外地出差，全职妈妈赵女士照顾5岁的女儿阿吉。

问题：赵女士喜欢"唬"孩子并且觉得效果特别好。

早上7点30分，赵女士急着把女儿阿吉送去幼儿园，可阿吉还不紧不慢地一边玩一边吃早餐。赵女士不得不催促女儿："快点吃啊，一会儿要迟到啦，迟到老师就不给你小红花啦。"阿吉听到迟到就会没有小红花，加快了吃早餐的速度，妈妈看在眼里，很是欣慰：小孩子果然是比较好唬的。

很快，妈妈领着女儿出门去幼儿园了，在路上一边叮嘱女儿中午要多吃饭不能挑食，还要乖乖午睡，一边答应女儿："只要阿吉乖乖的，在幼儿园拿到三朵小红花，周末妈妈就带阿吉去动物园玩好不好！"小阿吉认真地点头："妈妈，我会听话的，周末去动物园，你可不能反悔哦！""好好好，到啦，赶紧进去吧。"阿吉蹦蹦跳跳地进了幼儿园，赵女士也松了一口气，转头向超市走去。

下午4点50分，赵女士又来到幼儿园门口，准备接马上放学出来的女儿。"叮铃"手机响了，赵女士打开手机，是新闻的推送。顺手点进去一看："6岁钢琴神童美国爆红，弹琴手速惊呆大人！"看完赵女士很是羡慕，不过想到孩子现在也开始练钢琴，自己督促着点，好歹有一项拿得出手的特长，也不错。正想得出神，阿吉开心地跑出校门。赵女士牵着女儿，边往家走边问着女儿今天的表现，听到她又得了一朵小红花，很为女儿高兴。

幼儿园离家不远，不出10分钟就到了家楼下。这时，赵女士和女儿看到了一只白色的流浪猫蹲坐在路边正在用爪子洗脸。小女儿很兴奋地和妈妈说："妈妈你看，猫猫！我能去摸一下它吗？"赵女士赶紧拉着女儿快步绕过猫，走进楼道里。赵女士攥着女儿的手教育道："它太脏了，有传染病，阿吉摸了它就会得病，浑身长出痘痘！"阿吉一听很是害怕，小声说："知道了，妈妈，我不摸猫猫，不要长痘痘。"说完紧紧拉着妈妈的手一起上了电梯。

回到家,女儿玩玩具,赵女士做饭,不一会儿晚饭就好了。赵女士叫女儿吃饭,结果看到女儿把玩具扔得到处都是,就和女儿说:"阿吉,赶紧把玩具都收到箱子里,该吃饭啦。"阿吉玩着娃娃,头也不抬地说"妈妈,我可不可以吃完饭再收啊?"赵女士坚决地摇头:"你要是不赶紧把玩具收到箱子里,然后乖乖去洗手,妈妈以后就再也不给你买新玩具啦!"小阿吉一听,撇着嘴站起来开始收拾,什么也没说。

晚上7点,一吃完饭,赵女士就催着女儿去练钢琴,女儿说手指疼不想练,坚持着不肯去,"你要是再不去,就别想周末去动物园啦,老老实实在家里待着吧,哪儿也别想去!"赵女士只得再次搬出撒手锏。可怜的小阿吉惦记着去动物园的事,只好认输:"妈妈,我听你的嘛,我会做个乖孩子。"妈妈脸上的表情这才缓和下来。

一个月后的某天,妈妈终于劝不动阿吉去练钢琴了,任凭妈妈好说歹说,阿吉就是不肯去,最后赵女士终于爆发了:"你看外面刮大风多冷,不听妈妈的话乖乖去练琴,我就把你丢到外面去!"本以为这么硬的口吻肯定能唬住孩子,没想到小小的阿吉看了妈妈一眼,没穿外套,自己打开门走到了外面。赵女士这下慌了,让女儿进来却根本没用。最后赵女士不得不用蛋糕和棒棒糖讨好阿吉,最后恳求女儿进门。

看着女儿默默地吃着糖,赵女士一时竟不知该说什么了。

分析

这样的故事在每个城市、每个家庭都在不断上演,父母在教育孩子或者说"控制孩子"的时候,会习惯于借助诱惑、许诺、恐吓、威胁的话语来达成目的,久而久之用上了瘾,当成了"有效"教育手段,这当然不是妥当的教育方式。

"你再不睡觉,鬼怪就要来吃你了,他们专门吃不乖乖睡觉的孩子!"

"不听话让警察把你抓走!"

"你不乖乖吃蔬菜,妈妈就不爱你了!"

"赶紧过来,再不跟妈妈走,你就在这玩吧,今晚别想吃饭了!"

家长之所以能用上面的话语管理（控制）住孩子，就是因为家长知道孩子会相信自己所说的话。可是，为什么只为说完的效果沾沾自喜，而不考虑恐吓或者威胁对孩子们所造成的心理伤害呢？

我们可以从以下两种情况来分析这件事。

第一类孩子会选择屈服，这类孩子较乖，比较听话，一般家长唬一下，就会乖乖去做。实际上，孩子活在无限服从父母和讨好父母的状态下，永远隐藏着内心想做的事、想说的话，陷于矛盾、迷茫和恐慌之中，这样的小孩成长起来怎么会健康？而从长期来看，这类孩子往往会因为小时候所受的此类"伤害"，导致将来自尊自信都严重不足，很难形成独立人格，只会逆来顺受或者对父母唯命是从、缺乏主见！家长们，这是你们所期望看到的吗？

第二类孩子则比较刚强，会有反抗意识。越是受到家长的威胁，越是要对着干。一方面是小孩子脾气，不计后果；另一方面也是有意挑战父母的底线，绝对要和父母刚强到底，越挫越勇，这就让结果越来越不受控制了。再者，一旦父母不能真的完成许下的诺言，不管是怎样惩罚还是怎样奖励，只要食言，就会变成"狼来了"的故事，逐渐失效的威胁只会影响父母的权威形象，孩子对父母话语的可信度也就大打折扣，从此更加不听家长的话，叛逆的源头就此埋下，以后想再管难度就更大了！

因此，无论孩子是屈服还是反抗，语言控制都是有害无益的，为了短期的管理效果换取长期的负面影响，亲子关系被破坏，失去孩子的信任，"憋"坏孩子，"吓"坏孩子，所造成的负面影响还包括：让孩子精神上孤独抑郁；性格内向，自卑懦弱；生活中易受欺负、失眠、智力发育迟缓、精神异常；甚至离家出走或者遇到危险无法自救等。

有一个惨痛的案例：一个孩子被拐卖时在车上看到车外就有警察，但孩子没有求救，结果错失了唯一生还的希望。据调查，原因竟然是爸爸经常用"不听话让警察把你抓走"吓唬他，因此孩子觉得警察比抓自己的坏人还坏，即使在危险之中也不敢求救，这才酿成不可挽回的惨剧。此后，公安系统发布宣传，请不要用警察吓唬孩子，防止孩子害怕或有危险时不敢向警察求救，以造成终身遗憾！

 **对策**

那么，对于"不听话"的孩子应该怎样教育呢？

只需要有爱心和耐心，加上适当的方法。

第一，耐心地解释提出要求的原因，让孩子明白你提出的是有道理、有逻辑支撑的合理建议，而不是下达粗暴、强硬且必须执行的命令。

第二，对于行为准则和原则性问题，家长只要提出后就必须说到做到，如带孩子去图书馆看书前，和孩子说好"不保持安静就离开图书馆"，这就是让孩子学会为自己的行为承担后果。需要注意的是，家长要注意设置出合理的、可完成的结果来约束孩子。

第三，保持淡定和积极态度，让孩子即使被拒绝也能平复心情，适当的拥抱和安慰比发脾气有效得多，吼叫只会让孩子更加不配合。只要引导得当，多肯定和表扬孩子正面的表现，孩子也会乐于遵守规则，做个好孩子。

无论何时何地，父母都应该杜绝"语言及行为控制"：因为当孩子有了选择权时，才能选择做自己。

第三节　对孩子有信心

故事

背景：孩子爸妈工作轻松，时间充裕，有一个4岁半的女儿媛媛。

问题：爸爸妈妈管理着孩子的一切，帮孩子做出自认为最好的决定。

到周末了，爸爸妈妈带着媛媛一起去逛超市，想买一些零食和饮料给孩子。既然是给孩子买的东西，爸爸便提议让孩子自己选。于是媛媛很开心地在高高的零食架前抬着头认真看了起来。

很快，媛媛拿着一包炸薯条回到爸妈身边，抱着袋子摇了摇，很开心的模样。妈妈却摇了摇头："油炸薯条是垃圾食品，媛媛，不能吃这个哦，去换一种吧。"

孩子恋恋不舍地把手里的炸薯条塞回架子上，接着又从旁边拿起了一包花生酥，欢快地在爸爸面前举得老高，好像在说买回家咱们一起吃。可妈妈依旧不满意："家里有那么多花生，怎么偏要吃这个呀宝宝？"

孩子受了一番打击，握着花生酥站在那里一声不吭，有点不满的样子，爸爸揉揉女儿的头："乖媛媛，听妈妈的话，再去换个别的好不好？"

媛媛听后把花生酥也放回架子上，爸爸正帮孩子把放错位置的商品归回原位。孩子一转身拿起一排六瓶装的娃哈哈饮料，双手捧着，不等妈妈再发表意见，便跑到收银台旁边等着结账。妈妈见状也不好再说什么，拿着其他要买的东西一起去柜台付了钱。

出了超市，一家三口走到家楼下的公园，看到其他小朋友在玩耍，媛媛就问妈妈："妈妈，我能在这玩一小会儿再上去吗？"妈妈看时间还早就同意了，可看着孩子撒欢地跑着，妈妈站在一边有些担心，不时地说："媛媛跑慢点。""别跑那么快！"爸爸坐在旁边看着孩子，也不时打开手机看时间，每隔七八分钟让女儿过来喝一次水。就这样媛媛和小伙伴玩不久就会听到老爸叫她，急忙过去完成喝水任务再来和小朋友们一起玩。

过了一会儿，妈妈便和爸爸说："时候不早啦，你先带着媛媛回家，我再去市场买条鱼。""好,那我们先回家了,老婆。记着别买刺多的鱼啊,小孩子还是吃刺少的鱼比较好。"说完便叫上媛媛一起往家走去。

不久,妈妈也带着鱼回家了,进门后放下买的鱼就去洗手换衣服。媛媛看到鲜亮的鱼,很是高兴,走过去仔细端详银色的鱼儿,大着胆子戳了鱼身一下,又想摸一下鱼的嘴巴。结果正赶上妈妈找她,看到这一幕,严厉地对媛媛说:"小心鱼咬你的手!"吓得媛媛赶紧把手缩了回来,再也没敢碰一下鱼。

分析

上文故事中描述了几个小细节:父母反对孩子选择的零食,不让孩子跑得太快,担心孩子出汗多就让孩子多喝水,替孩子选刺少的鱼,以及通过恐吓来禁止孩子的好奇心。可是,父母操心费神地替孩子全权考虑,真的好吗?

从孩子出生那一刻起,父母就掌控着孩子所有的权利,从尿布到奶粉的选择,从穿衣风格到教育管理,孩子生活的方方面面都是基于父母的意识和判断来决定的。当孩子逐渐长大,父母已经习惯了替孩子决定一切,看到孩子做得不合心意就赶紧干涉、纠正:如不能让孩子捡地上的东西(可能会生病),不能让孩子跑得太快(有可能会摔倒),不能吃乱七八糟的零食(可能对身体不好),不能让孩子自己出去(孩子还小),等等。

如果不干涉,孩子确实会犯错或者闯祸,但家长要认识到,并不是所有的错误都要出手相助才好,给孩子探索的机会,尝试过错误的孩子才会吸取教训并且进行思考。如果父母把全部风险和错误都预防、规避掉,孩子就永远不会知道行为的后果和正确做法的意义。

当然,放手并不代表孩子可以为所欲为,有错误的习惯和行为就要及时纠正,如不尊重长辈,和其他小朋友打架、争吵等恶习是不可以容忍的。还包括会受到伤害之类的行为,都应该包含在家长控制的范围内。

诚然,父母的判断对于缺乏生活经验又不够成熟的孩子来说,一定是最合适的。但从孩子成长的角度来看,让孩子自己去选择、去试错也未尝不可。

父母适当地放权,给予孩子自主选择的权利,对孩子以后建立独立的性格是有很大帮助的。如果家长总是否定孩子的想法和行动,这个不许那个不行的话，只会有两种结果：一种是孩子被严管的时间久了会有逆反抵触的心理产生；第二种是孩子会渐渐失去独立做主的能力，依赖成性。

中国的传统教育模式，是"传道"式，顾名思义，就是说教。孩子只需要记住就好，甚至不需要理解。换句话说，孩子压根不懂其中原因，所以陷于规矩和固化思维中，慢慢地就失去了判断的能力。

对孩子有信心的家长，把选择权交给孩子，孩子在选择和经历的过程中，就是在思考和学习，通过孩子的摸索探寻，锻炼了思维能力、学习能力和解决问题的能力，这才是真正的教育目的。

如果说严格管教出来的是乖孩子很守规矩的话，在信赖和放权中长大的孩子则更具责任意识、担当意识和创新能力，也因此更有自信和勇气。

诗人泰戈尔曾说："自信是煤，成功就是熊熊燃烧的烈火。"当父母的管教太多，湮没了孩子自己的声音，孩子就找不到自己的兴趣，又怎么会有自信呢？所以，只有父母对孩子有信心，把做自己的权利还给孩子，孩子才能对自己有信心。

对策

在适当的可控范围内，在保证安全的前提下，放权给孩子，让他们做自己想做的事，做出自己的选择。如在兴趣爱好的选择上，孩子喜欢唱歌而不喜欢妈妈安排的舞蹈课，妈妈当然应该鼓励孩子去尝试爱好。因为童年是属于孩子自己的，只要孩子开心我们就应该鼓励孩子去自我发现和经受锻炼。

需要调整的就是家长的控制力度，要信任孩子，减少严格监管的力度；多放权给孩子去体验，少给孩子施加压力。随着孩子年龄的增长可以逐步放权，直到孩子可以独立管理自己的时间和精力。

第四节　摆正心理位置

背景：刘女士和老张结婚8年才生下了一个孩子，叫豪豪，现在7岁。

问题：全家宠溺孩子，把孩子当成"小皇帝"，娇生惯养。

刘女士把煎蛋盛在盘子里，放到餐桌上，抬头看了一下表，8点了。今天是星期天，爸爸妈妈都早早地起床，唯独家里的"小皇帝"还在呼呼大睡。刚才爸爸去叫了一遍，孩子不起床，妈妈只好解掉围裙，自己去叫小宝贝起床。

"豪豪，起床啦，妈妈给你做了你最喜欢吃的煎蛋哦，再不起床就凉啦。""妈妈，我要再睡一会儿，一会儿再起吧。"豪豪迷迷糊糊地翻了个身。刘女士又叫了一下，豪豪干脆没反应。老张极为宠爱这个孩子，眼看孩子想赖一会儿床，忍不住说："算了，让孩子多睡会儿吧，这会儿正是长个的年龄，嘿嘿。"

刘女士一转身冲孩子他爹翻了个白眼："还不是你，大晚上带着孩子玩游戏，他睡得晚了当然起不来啊！"老张无辜地摸了摸鼻子道："我看豪豪兴奋的样子，一时半会儿也不困吗，他非缠着我要玩游戏，本想着就让豪豪玩一会儿，谁知道他一直玩到11点多。""好啦好啦，小点声，让豪豪再睡会儿，咱们先去吃吧，一会儿我再给豪豪做份早餐。"说完刘女士跟在老张后面出了房间，轻轻地关好门。

又过了半个小时，刘女士听见孩子屋里传出声音："妈妈！妈妈！"赶紧去孩子那屋，原来是孩子睡醒了，肚子饿了。只见刘女士熟练地帮7岁的豪豪穿上衣服裤子，豪豪也很配合地伸胳膊伸腿，"妈妈我渴。"刘女士帮孩子系好扣子，听到儿子说的话又急忙从床头柜拿起水杯喂儿子喝水，可能是睡太久的关系，孩子很渴，所以抱着妈妈端着的杯子喝得很急，刘女士轻声说："慢点喝，豪豪，慢慢喝，别呛着啊。"

喝完水孩子又喊饿，刘女士忙着去给儿子煎鸡蛋切面包，便招呼老公来帮孩子刷牙洗脸。等孩子吃完饭，已经是9点30分了。

至简教育：别与孩子较劲

因为是星期天，又碰巧俩家长都没有事情忙，于是老张开车带着老婆孩子来游乐场玩。孩子玩得兴起，这不，坐了两趟旋转木马还是不肯下来，老张只得买了第三次票。看着儿子开心地喊叫着，老张也觉得心里高兴：自己小时候条件不好，很少有机会玩儿，现在条件好了，一定要给孩子一个快乐的童年，可不能像自己一样留有遗憾。

过了许久，豪豪终于玩够了，走出旋转木马来找爸爸妈妈。爸爸手里拿着保温杯准备给孩子喂点水，妈妈则去帮孩子找想吃的棉花糖。不一会儿妈妈就回来了，手里还拿着一个大大的棉花糖："儿子，快吃吧，你要的棉花糖，还是你喜欢的红色呢。"

豪豪却摇摇头："妈妈我不吃，我要去那边玩。"说完就朝有几个小朋友玩的广场跑去，还没跑几步，不知怎么就摔倒了。刘女士赶紧把棉花糖塞给老张，飞奔过去扶起儿子："怎么这么不小心啊儿子，有没有摔到哪里？疼不疼啊？"看到儿子没哭，膝盖和手都没事，应该摔得不重，这才松口气，一边拍着豪豪身上的土一边说："哎哟，可心疼死我了，宝贝儿子，怎么样，没事吧？疼不疼啊，儿子！"儿子满不在乎地说："不疼，我要去玩。"然后也不管妈妈正拉着他帮他拍打着衣服，转身就跑，继续去找其他小朋友玩了。

刘女士站起身来叹了口气："唉，这孩子，真是个急脾气。"看着儿子在不远处玩耍，她和老张商量起中午带儿子吃什么好，可没过几分钟，孩子堆里却突然传来尖锐的哭声，原来是豪豪看到一个小朋友在玩滑板，竟然直接伸手把滑板上的小朋友推下去，自己踩着滑板玩去了，摔倒的小朋友又是疼，又是气，这才大声哭起来。

分析

故事中的豪豪，实在是"幸福"，爸爸妈妈无比疼爱呵护，上小学了还有人帮忙穿衣洗漱，甚至是喂水；犯错了都舍不得责备；摔倒了妈妈立刻百米冲刺过去"救驾"，这还算是正常的疼爱吗？

答案是否定的，豪豪的父母已经属于无条件地溺爱孩子了。孩子逐渐变为家庭关系中被动的一方，成了家里掌权的"小皇帝"，被父母当作整个家庭的焦点，生怕受到一丁点儿委屈和伤害。

实际上，这种看似无害还很幸福的纵容，只会无声无息地毁掉孩子！他在极大的自由空间内生活，所有的困难和问题都被疼爱孩子的家长挡了下来，孩子不接触规矩和后果，所以没有畏惧和收敛的意识，当然不懂得考虑他人感受，只知道满足自己，无法自我满足就会想其他办法，比如豪豪抢滑板的举动：他只考虑自己想玩，于是不开口就动手抢，完全不考虑玩具主人的感受，更不管别人摔倒的事。这也是一种自私的表现，正是因为家长平时对孩子的要求尽量满足，娇纵出孩子霸道自私的性格。而且，家长的溺爱，让孩子变得更加依赖父母，很难摆脱帮助变得独立，所以孩子长大后也会表现出比较低的独立性和自理能力。

可以说，靠溺爱孩子来维持孩子一时的幸福，只会毁掉孩子一生的幸福。那么，问题出在哪里呢？

一般家长在面对孩子哭闹的情况时，通常为了尽快结束这一状况，即使孩子提出无理要求也会尽量满足，如不让孩子继续看动画片，孩子就哭闹，所以父母为了不让孩子哭，就会继续让孩子看动画片，这就是向孩子妥协了。让孩子觉得自己一哭闹父母就会立刻投降，自己马上就能得到想要的事物，他也因此误以为自己可以掌握一切。

再者，家长的爱是难以衡量的，对孩子太过宠爱就变成了宠溺，如果自己没有意识到，孩子当然更意识不到了，他只会享受更加轻松、舒适的环境，这就导致家庭位置的偏移错位。

当然，不能溺爱孩子，并不是说严厉教育更好，"溺爱式"教育和"棍棒式"教育分处教育态度的两个极端，都是不可取的。只有把控好管理方向和教育准则，做到有底线的弹性管制，才是最理想的教育监管状态。

对策

当孩子做错事时，作为家长一定要果断指出并纠正。尤其是在一些很没有礼貌的行为上，更要从小就给孩子灌输一个正确的理念。但家长给孩子指正的时候，也要学会用沟通的语气，话语太强硬只会引起孩子的排斥和反感，毕竟教育的目的是要让孩子真正地明白什么才是正确的行为。

孩子是一个有思想、有感情的个体，家长对待他们应该像对待成人一样，了解、尊重他们，让他们既拥有享受快乐的权利，也拥有担当责任的义务，尊重和严格要求相统一，让孩子学会自我定位；同时要让孩子知道，他是家中普通的一员，不存在特殊地位、特殊权利，从而避免孩子在思想上"以自我为中心"。例如，看电视时，不要让孩子长时间独占频道；家里来了小朋友，应教育孩子把玩具分给大家一起玩。长期这样坚持，就会使孩子养成与别人相处的良好习惯了。

家长也要摆正心理位置，做到公正平等，既不可理所当然地夺走孩子应有的权利，也不因宠溺孩子而赋予超出孩子能力范围的权利，使教育的天平建立在家庭平衡的基础上才最合适的。

第二章

发掘兴趣——发现兴趣，造就特长

现在大多数家长都会有意识地帮孩子发展兴趣，培养特长，帮孩子挖掘出兴趣点的时间自然越早越好。那么，究竟什么样的教育态度对孩子兴趣发展更有帮助呢？

本章将解答如何帮助孩子发现兴趣、保护兴趣和管理兴趣问题。家长只需要细心观察孩子，加上理性的教育态度和适当的引导鼓励，就能更好地帮孩子把兴趣和特长结合起来，塑造一个开朗又有趣的灵魂！

第一节　尊重兴趣选择

故事

背景：爸爸老高是公司职员，妈妈是音乐老师，有一个儿子乐乐，今年11岁。

问题：乐乐喜欢跳舞，但妈妈坚持让乐乐学钢琴。

"妈妈，我不想练钢琴，我想学跳舞。"

"跳什么跳！你赶紧给我去练钢琴，哪那么多想法！"

"妈妈，可是我不喜欢钢琴啊，我不想弹。"

"难道妈妈要反过来听你的话吗？乐乐，你要是还想吃晚饭，就赶紧去，不想吃你就在这耗着吧！"

"可是……可是，妈妈——"

"有什么好可是的，赶！紧！去！"

"……知道了，我现在就去。"

这场战斗，还是以妈妈毫无悬念地获胜收场。看着儿子磨磨蹭蹭地坐到钢琴前，屋里开始响起断断续续的音符，她又忍不住催促道："弹认真点，节奏哪去了！"儿子听后手里的动作停滞了一下，随后开始更认真地练习弹奏，也更用力地按下钢琴键，身为音乐老师的妈妈怎么可能听不出音乐中的不满，但她丝毫不理会地走出了房间，也没有关门，这样她才能更清楚地听到儿子有没有弹错。

爸爸倒了一杯水递给妈妈，向屋里看了一眼，他看到孩子正努力憋着不哭出声来，因为抽泣而不时耸起的肩膀被用力弹奏的动作起伏掩盖，吸鼻子的声音也夹杂在低沉的练习曲中，几不可闻。

"唉！"爸爸叹了一口气，回身对妈妈说道："孩子他妈，要是孩子真不喜欢，要不就别逼孩子了，你说这么硬赶着练钢琴，能行吗？"

"老高，这种事你听我的，必须帮孩子坚持下去，要是孩子想不学就不学，咱们还依着他，将来乐乐连个拿得出手的特长都没有，那哪行？上次我去开家长会,乐乐同桌的妈妈和我说,她给孩子报了4个特长班呢!"

"哪能有那么多啊?"爸爸皱了下眉头,"这不累死孩子了吗!"

"啧,你看你还不信,我给你数数,人家说报了围棋、击剑、游泳,还有什么来着?对了!还有萨克斯!人家4个特长班都学得过来,乐乐学个钢琴还能有多累啊?"妈妈说完又喝了一口水,边喝边想,更是觉得乐乐比起别的孩子太不努力了,是不是应该……

爸爸轻声说道:"哎呀,那乐乐不是不喜欢钢琴嘛!他这孩子天生活泼坐不住,我看他还挺喜欢跳舞的,要不让他试试?现在学舞蹈的不也蛮多的嘛。"

妈妈的思绪被爸爸打断,加上听到他说的话,直接把眼一瞪,"老高,你不懂就不要乱出馊主意,学跳舞?男孩子学跳舞能跳出什么名堂?再说了,别人学跳舞都是五六岁开始压腿、下腰、练基本功,他这11岁开始学根本练不出名堂,我花钱给他练着玩啊!更何况钢琴学好了能加学分,跳舞能吗?我在家能指导练钢琴,跳舞谁指导?你吗?"

爸爸还想说点什么,刚"我"了一个字,妈妈又接着说"真后悔听了你的馊主意,非主张什么要给孩子幸福轻松的童年。要是听我的,早点让乐乐开始学钢琴,现在肯定六级都过了!都赖你!"杯子随着"你"字一起被重重地放在爸爸手里,孩子妈妈已经扭头走人了。

老高被噎得说不出话来,可看着老婆气鼓鼓的样子,再回头看看屋里,乐乐正弹着肖邦的《夜曲》,毫无感情的音符伴着复杂的氛围弥漫在房子的每一个角落。

分析

其实,孩子母亲的出发点是好的,想帮孩子掌握一项特长,这当然是爱孩子而且为孩子负责的表现。但不管是出于攀比心,还是功利心,都远远超过了参考孩子想法的比重,妈妈的想法可能是:孩子的想法不重要,因为他还小不懂事;我会选择对他好的路,他只要听我的准没错。

可是,孩子的想法真的不重要吗?听家长的话一定对吗?

每个孩子都是独立的生命个体，有独立的人格，以后更会有独特的人生道路。孩子们既然是绝无仅有的，又怎么能给孩子附加可比性呢？将两个完全不同的生命进行比较，正如同比较孩子们的头发长短、声音粗细一样毫无意义，是家长们的攀比心赋予了这一意义，而非教育意义本身。

功利心则更不可取，从前家长们受中国传统考试制度影响，怕耽误学习而反对孩子有兴趣爱好，自从"特长"加分政策的优势显露，家长们又拼命地把孩子送进各种兴趣特长班，究竟是为了不输在起跑线上，还是为了加分升学之利，我想两者皆有之。随着"特长加分"政策的消失，家长们又是否会再次反对孩子上特长班呢？

对于孩子的兴趣和正当要求，毫无疑问，家长们应该支持！如果家长不考虑孩子的个性差异，也不与孩子交流感情和思想，只一味地把自己的主观意愿强加到孩子身上，那么不管是有意逼迫孩子实现家长的目标，还是无意中驱使孩子遵从家长的选择，最后只不过是亲手扼杀了孩子的天性罢了。

支持孩子兴趣选择能维护孩子天性，可以帮助孩子培养更强的创新意识和进取心，有父母支持鼓励的孩子更能专心勇敢地攀登心中的兴趣高峰，让孩子乐于奋进，在学习和训练中更坚韧、更乐观。

对策

一、找到孩子的兴趣爱好

家长可以在日常生活中多关注孩子的生活习惯和娱乐方式，尽可能发现孩子的兴趣和天赋能力，并引导孩子展现爱好，多鼓励孩子。像比尔·盖茨的父亲有一次给了女儿20美元零花钱，发现女儿当即买了本子开始记录每一笔开支，就知晓了女儿对理财的天赋。果不其然，女儿长大后成了一名出色的会计师；儿子从小喜欢研究电脑，也正确预示了他未来的职业走向。

二、孩子的兴趣与家长的想法不同

就算家长认为自己的想法很正确，也应该俯下身子和孩子积极沟通，引导孩子发自内心地喜欢爸爸妈妈所指出的道路。如果孩子的兴趣爱好和家长的期望确实不同，那么在合理合法的基础上尊重孩子的选择吧！毕竟，这是属于孩子的人生，幸福还是不幸福要以孩子的感觉为准。喜欢玩机械拼接的孩子未必逊色于喜欢小提琴的孩子，充分尊重孩子的兴趣选择就好。

第二节　保护兴趣爱好

背景：赵女士，小学教师兼家庭主妇，先生姓王，是公司职员，儿子多多今年8岁半，上小学二年级。

问题：赵女士阻止多多玩电脑，多多因此不满。

一天晚上，赵女士一家刚吃完饭，王先生还在收拾桌子，爱子心切的赵女士就赶紧催促多多回房间练小提琴："多多，乖，吃完饭赶紧回屋练琴去，你不好好练我可白给你报那个兴趣班了！"

儿子一听，坐在椅子上动也不动，皱着眉头坚决地说："那是你给我报的兴趣班，我要玩会儿电脑，我要打游戏。"

赵女士见儿子不听话，就用命令的语气教育起儿子来："咦？多多，怎么又不听话啦，要知道，妈妈可是为了你好呀，你现在不好好发展自己的特长，将来怎么办呢？想玩游戏的话，今天先回屋去练琴，乖乖练完小提琴我周末就让你玩半天电脑，好不好？"

多多知道自己拗不过妈妈，无奈地说："我知道你是为了我好，但是……我觉得……"

"好啦，多多快回屋去，听到没有？"赵女士不由得放大了音量。

多多默默地站在原地，像是受了委屈一般，把刚刚吃饭时用的筷子重重地摔在地上，径直跑去了洗手间，开始踢起了马桶。

赵女士很生气，旁边的王先生终于看不下去了，阻止赵女士："我说孩儿他妈，我们的儿子才8岁半，正是贪玩的时候，你管得是不是有点太严了，这么小的孩子你就开始逼迫他学这个学那个，恐怕那些并不是他真正的兴趣所在啊！"

赵女士终于说出了心中的烦恼："最近我们很多同事都把孩子送进了兴趣班，听说孩子七八岁是开发潜能的黄金时期。我本身就是一名教师，更应该以身作则才对，如果自己的孩子都管不好，我还有什么资格管别人家的孩子呢？

所以，我必须让儿子从小开始学琴，可谁知道他特别反感，一回到家就趁我做饭的工夫回屋偷偷玩游戏，如果我不提醒就不知道练琴。看着和他同龄的小朋友都比咱们的孩子出色，我能不着急吗？你说我能不管吗？你看看，这还来脾气了，我得看看去。"

等赵女士到洗手间一看，儿子不停地用脚踢马桶盖，好像在发泄内心的不满似的。赵女士大吼："多多，停下！你看看你成什么样子，难道你就不明白吗？妈妈是为了你好呀，现在妈妈命令你回房间给我练琴去。"

多多知道如果再不听话后果很严重，只好回屋去，并对赵女士说："妈妈，知道你是为了我好，我会少玩电脑游戏的。"当多多说出这句话的时候，伴随而来的是几滴委屈的泪水。但这在赵女士看来却是一次成功的教育，她以为多多总算是回心转意了。

而多多只是把房门锁起来，静静地坐在屋子里，等了很久才开始拉小提琴。

赵女士以为一切都会按部就班、风平浪静地发展下去。没想到周六从学校回来后，发现多多又在屋里偷偷地玩电脑游戏，一场母子大战终于爆发了：多多被打了几十板子，在屋里哭得泣不成声……

此时，气愤的赵女士心想：

难道多多爱玩游戏我就应该支持他玩游戏吗？他刚上二年级就这么贪玩，讨厌上兴趣班，对小提琴不感兴趣，这样下去可就输在起跑线上了呀。怎么办，我到底该怎么做啊？

分析

且不论赵女士的做法是对是错，通过暴力逼迫孩子做事就不是明智的选择。在这个竞争日趋激烈的时代，赵女士望子成龙的心情是可以理解的，但是作为一个8岁的孩子，他们往往并不知道学习一项特长的重要性，家长的一句"为了你好"也远远不能让他们信服，更无法理解。有时孩子只知道寻找让自己快乐的东西，例如玩电脑游戏，这其实是在想方设法逃避一项有压力的任务，而非兴趣。所以，赵女士想要更好地管教儿子，说服他选择对自己发展有利的兴趣爱好，必须先明白儿子展示出的面孔和内心的思维逻辑到底是怎样的。

很多孩子在面对家长的这句"为了你好"时，都会顺口说出"我知道你是为我好，我会……"的话来作为回答。甚至当他为了讨好家长或感觉到家长要发飙时，也会经常说出这样的话。这句回答让家长听起来好像孩子明白是非，知道接下来应该怎么做，但它并不代表孩子最终一定会照他当初说的这么做。因为，这只是孩子安慰或讨好家长的一种权宜之计。

站在孩子的立场来看，当家长强制要求自己做一件事情时，如果立即反对或怎么说都不肯去做，势必会影响家长的情绪或引起争端，而孩子在潜意识里对家长是有畏惧心理的，这是孩子最不愿意面对的情形，无论是出于逃避还是讨好家长，他都会愿意表示明白家长的苦衷，一定会按照家长的意愿去做。

几乎所有的孩子都明白一个道理，胳膊拧不过大腿，最好吃软不吃硬，不到万不得已不会得罪家长，宁可说几句好话，大事化小，与家长和平相处。他们的目标只有一个，先安抚好家长情绪，躲过"战争"再说。因此，如果你经常听到孩子用这句话来作答时，千万不要误以为孩子是在对你做出某种承诺，这只是他们安慰你情绪的一种方式罢了。

中国式家长有一句常挂在嘴边的话："妈妈也是为了你好，我这么做都是因为爱你呀！"在中国亲子教育中，约80%的家长都喜欢以爱之名让孩子学这学那，其实这只是在无形中将自己的要求合理化，却忽视了孩子自身兴趣、特点及感受。例如，孩子只是想玩玩电脑游戏，但在家长眼里这就不是一种兴趣。

孩子之所以会以"我知道你是为我好"来作答，这反映了他的顺从心理。从心理学的角度而言，当一个人迫于对方的权威性或权势时，就会出于自我保护出现顺从现象。这种现象发生后表面看来无风无浪，其实孩子内心深处反对的对白却在翻江倒海。

无论是8岁的孩子还是十几岁的青少年，他们都处在无忧无虑、活泼可爱的纯真年代，而随着年龄、阅历的不断增长，他们才开始变得成熟、稳重，也开始有了心计和城府。所以，孩子真正的兴趣才是他们一生中最宝贵的财富。我们不应该刻薄地要求一个几岁的孩子必须热爱我们强加的事物。人们通过实践调查得出这样一个结论：孩子反感某样事物，归结起来，都是因为事物本身没有激起他们的热情。

其实，孩童时期正是享受快乐的黄金时期，他们就像风筝一样渴望在天空中自由地飞翔，亲眼见证这个新鲜好玩的世界，而不是从上学开始，就被束缚在"特长班"的牢笼里，这不仅囚禁了孩子单纯的兴趣，也囚禁了孩子学习的热情。

在任何领域，走向成功的第一步都是对它产生兴趣，孩子的学习更是如此，作为家长，不能借"为了你好"之名，毁掉孩子最宝贵的兴趣。

 **对策**

第一，在引导中慢慢发掘孩子的真正兴趣。

一个 8 岁的孩子喜欢某种事物的出发点是很单纯的，他们可能只是出于一种内心的快乐需要，甚至只是第一感觉上的喜欢。这时，家长最不该做的就是立刻全盘否定。例如，对孩子说："你玩电脑算什么兴趣，练琴才是你应该有的兴趣。"其实，很多孩子在年少时对于自己真正的兴趣是模糊的，也正因为如此，家长才强行地帮孩子做选择。其实只要给孩子一点表达的空间，他们就会愿意表达自己懵懂的想法。这时再据此判断孩子喜欢什么，发掘孩子的真正兴趣所在。

第二，别再说"为了你好"，满足孩子的一点要求，点燃孩子的热情最重要。

对孩子的教育最不合适的方式就是采用教条式、经验式的教育模式。如果是孩子不感兴趣，但对孩子学习有帮助的事物，我们可以通过营造氛围，激发孩子的热情，让其主动学习。比如赵女士错就错在一味地对多多说"为了你好"，却置多多的感受于不顾，造成了孩子表面上的"顺从"、心理上的"逆反"。对此，赵女士可以尝试和多多进行条件交换，满足孩子的要求，如果不放心孩子的自控能力，可以采取监督、陪读的方式，如果多多玩完了电脑游戏乖乖地去练了琴，赵女士还可以采取奖励措施，一步步点燃多多的学习热情。

离开了兴趣的学习，就像失去了海水的游鱼，可以勉强维持生存，却无法长久。只有唤醒了孩子内心的兴趣，才能点燃孩子学习的激情。所以，保护孩子的兴趣，才是最重要的。

第三节　培养猎奇探索心

背景：爸爸是医生，妈妈是企业职员，有一个可爱的女儿叫宝儿，今年5岁。

问题：女儿擅长画画，却对别的活动没兴趣也不想做。

宝儿攥紧手里的跳绳，咽了下口水。

"准备好了吗，宝贝，我喊跳你就跳，可简单了。"妈妈在一边给孩子加油鼓劲。

"准备好了。"宝儿把跳绳放到身后，再一次按照妈妈教的姿势准备好。

"好，开始摇绳子，跳！跳！跳……"只跳了三下就绊住了，女儿只好慢慢地把绊住绳子的脚抽出来。妈妈心想：不行啊，幼儿园老师布置了任务，这周所有小朋友都要练习跳到10个以上，宝儿每次只能跳两三个，这可不行啊！

"妈妈，我不会跳绳，我只会画画。"宝儿委屈地扔下跳绳来拽妈妈，"我画得比别的小朋友都好！"

妈妈摸着女儿的头："乖女儿画得最好啦，真棒。可是别的事也要尝试一下呀，更何况这是老师布置的任务，宝儿多练几次一定也能学会跳绳，妈妈刚才看你的动作还是不对，让妈妈再跳一次给你看。"

妈妈拿过跳绳，轻松地跳了10个，又和女儿说："宝儿，跳的时候要注意节奏感，就像这样，一下，一下，很简单地往上跳，别往前用力哦。"妈妈边示范边给女儿讲动作要领。

女儿似懂非懂地点点头，可接过跳绳就好像被施了魔咒一样，怎么也跳不过3个，"不跳啦，不跳啦，跳绳一点儿也不好玩，太难了！"妈妈又给女儿加油，女儿勉强听话又跳了一会儿，可能是因为身体动作不协调，练习了半天也没有"长进"，孩子直接把绳子一扔画画去了。

妈妈也只好作罢，捡起来跳绳望着去找水彩笔的女儿想：这孩子，也挺聪明的啊，画画特别好，老师都夸她是所有孩子里画得最好的，可能是因为画画经常被表扬，宝儿很喜欢画画，可对别的活动还有作业都兴趣泛泛，也不想去练，这可怎么办？

"我回来了，咦？"正想得出神，孩子爸爸下班了，一边换鞋一边看着孩子妈妈手里的跳绳说："今天怎么这么有兴致，还跳起绳来了，打算减肥？"妈妈看着刚回家的爸爸哭笑不得，"什么嘛，不是我跳，是孩子老师布置的任务，让孩子练习跳10下不中断才算合格。""哦，这样啊，那怎么就你自己在这站着，孩子在那边坐着画画啊？"爸爸疑惑地挠挠头。

"这孩子，带着她练了半天，她还是只能跳两三个，不乐意继续练就走人了呗，她擅长画画就光喜欢画画，别的事都不愿意做，这可不行，咱得想办法让她愿意尝试新鲜事物，不能光沉浸在画画好的成就感里。"

"这样啊……"爸爸若有所思地点点头，"既然孩子今天练了半天就让她去玩会吧，回头再说。"

"也只好这样了，我陪练都出汗了，明天再练吧。"

第二天爸爸下班回家，手里拿着一根又长又好看的跳绳，放下包就叫上宝儿出门玩跳绳，宝儿一看到漂亮的跳绳，也忘了昨天不愉快的"训练"，兴冲冲地跟着爸爸出了门。

到了楼下，爸爸先给女儿表演拿手的"双摇""单腿跳""倒摇"，几个花式下来，看得女儿满眼小星星，"爸爸太厉害了，给我给我，我也要……"

就这样父女俩瞎玩了半个多小时，回到家，宝儿就骄傲地和妈妈说："妈妈妈妈，我学会跳绳啦！"说着就拿起小跳绳表演起来，虽然动作还是不太对，但已经能连着跳七八个了。更让妈妈欣喜的是，孩子练习得特别开心。

妈妈高兴地揉了揉女儿的脑袋："女儿最棒了，不管学什么都特别快，真聪明！"又暗暗给老公竖了个大拇指。

分析

孩子都是独特的个体，也就有着不同的特质。什么是特质呢？例如，有的小孩开口说话很早,有的擅长算数,有的运动神经发达,还有的画画特别棒。这就是孩子的特质,孩子擅长于此,或者说对某类事情感兴趣,也可以看作与生俱来的天分吧。

孩子们靠着天分自然而然能做好自己擅长的事情,也会因此获得鼓励和成就感。可其他接触较少或者刚接触到的事物,孩子好奇的同时跃跃欲试,结果发现做起来比想象得难,就容易打退堂鼓。这时候,家长就要及时关注,不能让孩子随便放弃,不然孩子习惯了只做擅长的事,就会慢慢失去猎奇心和探索尝试的动力,学习积极性迅速下降,这对学习阶段的孩子影响是很大的。

像上文的小故事,家长用正确的做法带孩子体会到探索新鲜事物的乐趣:从孩子只喜欢做擅长的事——画画,到爸爸带着孩子一起玩,用快乐带动孩子学习跳绳,让孩子脱离舒适圈,就算做不那么拿手的事情,也愿意和爸爸一起玩儿,有动力去练习,最后享受探索和努力所带来的别样成就感。

很多时候孩子都和故事中的宝儿一样,习惯做擅长的事来获取成就感,而拒绝陌生事物;还有就是乍一尝试往往容易受挫,只有家长们兼顾平衡,做好引导工作,才能更好地发展孩子的猎奇心、探索心。

对策

家长可以鼓励孩子多涉猎不擅长的领域,而不是顺势帮助孩子只发展优势:如果是在学习中,孩子擅长英语,家长就应该帮助孩子建立起对其他科目的兴趣和信心,让孩子乐于探索其他科目,对不擅长的科目也怀有猎奇心理并愿意积极学习;如果陷入只擅长英语,只学好英语的循环,孩子就会偏科。在学习中,注重擅长科目容易导致偏科严重;在生活中,失去平衡就很难全面发展。当然,这些需要家长正确的引导和鼓励。

假如孩子真的对某类事情没有兴趣,而且不是非做不可,那么家长就应该放平心态,不必强求,适当地降低标准,对孩子有耐心,不必太过于勉强孩子。告诉孩子已经做得很好了,避免给孩子造成沉重的心理负担,让孩子保持平和的心态看待新事物。

第四节　保持兴趣专注

故事

背景：孩子父母在家开网店，儿子奇奇5岁半。

问题：孩子上兴趣班3分钟热度。

"奇奇，快进去吧，加油好好学钢琴啊！""知道啦爸爸，嘻嘻。"爸爸把车停在钢琴学校门口，妈妈带着孩子下了车。

妈妈将孩子送到学校里，临走之前给孩子整理了一下衣服，叮嘱道："奇奇，妈妈花了很多钱送你来上钢琴课，你要争气哦，一定要听老师的话，乖！""放心吧妈妈，我可喜欢钢琴啦，我会好好学的。"

"真乖，儿子，那妈妈先走啦，晚些时候来接你。"说罢，妈妈就走了，孩子则跟着老师去教室准备上课，这是他学钢琴的第一课，很是兴奋，老师讲得又有趣又简单，奇奇一直到妈妈来接他才发现已经上完两个小时的课了。

"奇奇，怎么样，觉得还行吗，难不难？"

"妈妈，钢琴课多有意思，我觉得挺简单的。"

"那就好，乖儿子，我们先回家吧，爸爸在车上等着呢。"

"嗯好，嘻嘻，妈妈，我们也买台钢琴放在家里吧，这样我就可以在家里弹啦！"

妈妈一听儿子想买钢琴，就严肃地说："奇奇，钢琴很贵的，你万一学了一阵不学了，那不就浪费钱嘛。"

奇奇和妈妈撒娇道："妈妈，我会认真学的，放心吧，给我买钢琴好不好，求求你啦妈妈，我想在家里练习。隔壁的妹妹家里就买了。"

孩子妈妈边走边想：买架钢琴差不多1.5万—2万元，倒也不是不行，奇奇在家里练还方便，能进步得更快，看这孩子有天赋也喜欢钢琴，等晚上和孩子他爸商量一下吧。

"我考虑一下，你要是乖乖听话，好好练琴，就给你买哦。"妈妈笑着说。

孩子瞪大眼睛，开心地叫着："真的？谢谢妈妈，我会听话好好练钢琴的，我觉得可好玩了。"

回到家,孩子去看动画片,爸爸妈妈则一起研究要不要给孩子买钢琴。爸爸有点心疼,毕竟这钱都是两人辛辛苦苦开网店赚的,妈妈则安慰爸爸,"孩子喜欢钢琴,说不定有这方面的天赋,咱俩好好培养培养,以后孩子穿着白色燕尾服有模有样地在学校艺术节上来段表演,甚至出国去参加比赛,多好啊。"听妈妈这么说,爸爸想到是为孩子投资,就一咬牙拍板了。

不出一周,妈妈就在孩子上钢琴课的学校订下钢琴。付款第二天,钢琴送到家里。将钢琴简单擦拭后,漆黑如镜的钢琴又漂亮又精致,孩子马上坐好弹了起来,居然有模有样地弹了两句《小星星》,爸爸妈妈见了也很开心,晚上一家三口还去餐厅庆祝了一番。

可刚买完钢琴两个月,孩子就受不住枯燥的乐理知识和频繁机械的弹奏训练,上课不愿意去,回家练琴偷懒。妈妈看了很是着急,可怎么说孩子也提不起当初的兴趣了。爸爸也很生气,说了奇奇很多次都不认真训练,骂也骂了,打也打了,最后实在没办法,钢琴成了家里的摆设,孩子再也不提弹琴的事。

转过年来,孩子上小学了,第一年孩子班上有同学报网球课,奇奇就央求妈妈也带他去,妈妈很坚定地拒绝了。

到了二年级,班上不少孩子都已经有固定的兴趣班了。看自己孩子还心心念念着网球课,妈妈不顾爸爸反对,给孩子报了。报之前和孩子约定好,一定要坚持下去,不然以后再也不会给孩子报任何兴趣班了,孩子自然满口答应。

只是这次时间更短,只不过一个月孩子就放弃了:实在是太辛苦,胳膊天天酸酸得不舒服。妈妈严厉地批评了孩子一顿,竟然也没其他办法,只好放弃。

孩子被骂了一通,老实一阵,可毕竟是个孩子,不久又看好了跆拳道,想去学。妈妈这次说什么都不肯掏钱了,再也不敢给孩子报兴趣班了,可是心里又着急孩子连个爱好特长都没有,这可怎么办啊!

分析

像上文中孩子 3 分钟热度的故事,相信很多家长都经历过。那为什么孩子一开始很喜欢做的事,既感兴趣又乐在其中,而3分钟热度一过就失去兴趣了呢?

在培养孩子的过程中,家长总是希望孩子能德、智、体、美全面发展,除了努力学习知识课程之外,还应该发展自己的兴趣特长。可大部分的孩子由于年龄小,心智发育还不成熟,所喜欢的事物不停地变换,哪一样爱好在当初都曾是孩子的"真爱",只是热度一过,孩子热情冷却下来,深入学习的过程中觉得枯燥了,又看到更多有趣的事情,便很难再坚持下去。

例如,妈妈给奇奇报了钢琴班,孩子兴致勃勃地去了,爸爸妈妈甚至为孩子购买了昂贵的钢琴,但没过多久奇奇就厌倦了重复练习而对钢琴失去兴趣;之后报网球课,孩子也好奇地去了,可不久以后又产生了厌烦情绪,嫌苦嫌累。网球课刚放下,又看上了跆拳道,的确是3分钟热度。

之所以出现上述情况,主要是孩子一时好奇或刚接触新的兴趣通常缺乏牢固的基础,在学习技能、知识或反复练习时只要感觉到困难和枯燥,往往就离放弃不远了。

孩子毕竟是孩子,自我评估能力有限,孩子的兴趣往往是建立在喜欢的基础上,并不会结合个人能力和性格是否合适去考虑,在好奇心的驱使下,孩子愿意去尝试;但脱离实际的行动后果就是真正接触后一受挫立刻感觉不适,兴趣削减并开始打退堂鼓;再加上孩子这山望着那山高,在产生抵触困难情绪的同时若发现"新大陆",就会自然而然地转移兴趣,排斥兴趣班,这就变成了家长眼中的3分钟热度。

当然,家长也应该正确看待孩子"喜新厌旧"的行为,理解应该针对孩子的特点采取有效的教育措施。孩子面对一个陌生又神奇的世界,不断地发现新事物,对一切充满兴趣并逐个尝试,有助于帮助孩子确定自己的兴趣,知道什么是自己应该专注的和最喜欢的。

 **对策**

首先,家长要做好引导工作,让孩子戒骄戒躁,建立自信。孩子半途而废多半是因为心浮气躁,而在发展兴趣特长的过程中,关键是保持冷静,保持热

情！保持冷静是维持心态平和，不浮躁；保持热情，就是要坚持对艺术技能本身的热爱。这单靠孩子的心性是很难做到的，此刻家长的引导显得尤为重要。

其次，在引导过程中，家长要多鼓励孩子。不同的学习阶段制订适当难度的目标，当孩子做到了就可以对他的努力加以肯定，使其建立起自信并享受努力带来的快乐成果。在稳健中保持进步，在快乐中保持兴趣，慢慢地孩子就把兴趣变成专注学习的习惯了。

最后，培养孩子对兴趣的专注力是孩子成功的关键，家长一定要重视。可以根据孩子的性格、年龄作为判断因素而采用不同的方法进行教育引导，目的是辅助孩子养成持之以恒的习惯。只有做到兴趣专一，认真研习，才能在兴趣特长的道路上走得更长远。通过努力来换取爱好特长的进步，能让孩子持续增强信心，让孩子有能力、有信心、有理由更优秀。

第三章

转化情绪——出现情绪，重在引导

情绪是以个体的愿望和需要为中介的一种心理活动。想吃糖孩子会哭，不想睡孩子会闹；孩子不听话家长会烦恼，孩子闯祸家长会生气。面对不良刺激人人都会有负面情绪，关键在于如何对待、控制和处理好负面情绪。

孩子作为尚未成熟的个体，只会表达情绪，而不懂得控制，因为一切事物规则和操作方法是他们成长过程中逐渐学会的。所以，家长肩负的教育责任中也包括了帮孩子转化负面情绪和引导孩子控制情绪。

在孩子学习成长的同时，家长也应该学会共情技能，分析孩子哭闹和发脾气的原因，以及怎样改变孩子的不当行为模式。家长还要学会理性看待孩子的情绪和错误，懂得控制自身情绪的理性家长不但可以帮孩子掌握情绪，更能使良好的心态伴随孩子一生。

第一节　释放负面情绪

 故事

背景：爸爸张先生是软件工程师，妈妈阿美是全职太太，他们的儿子4岁，小名晨晨。

问题：妈妈遇到孩子哭就手足无措、心烦意乱，在公共场合更觉得尴尬，所以阻止孩子哭。

晨晨正一天天长大，而妈妈阿美在开心的同时更怀念儿子4岁之前乖乖走路的时期。起码不会像现在这样喜欢乱跑，阿美稍不留神，晨晨就不管不顾地跑出几步，绊一下滑一下摔倒了，然后原地坐着大哭，嗓门还奇大无比。

就像此时此刻，阿美很是尴尬地拉着孩子，清晰地感受着周围人投向她和儿子晨晨的目光，孩子只是哇哇大哭，极具穿透力的哭声给阿美的影响除了心烦更多的是尴尬。

"乖儿子，没事吧？摔疼了吧？"看到儿子摔倒了趴在地上哭，阿美很是心疼地扶起来，检查后看到没有受伤，只是因为摔疼了才哭，就忙不迭地开始安慰晨晨好让他停止哭喊。阿美实在是受不了旁人的目光，鼓励道："晨晨，你是小男子汉哦！男子汉不可以哭的！"

孩子的哭声丝毫没有减弱。阿美一边给孩子擦着眼泪，一边又说道："晨晨要是再哭，妈妈就不喜欢你了！"孩子哭声减弱，撇着嘴，小脸憋得通红，但最终还是忍住了哭泣，向妈妈伸手："妈妈，妈妈。"

看到孩子不哭了，阿美终于松了一口气，摸着儿子脑袋，温和地说："乖儿子，真乖，不哭了，妈妈带你去超市买好吃的。"孩子一听，眉头舒展开了。配合妈妈的动作爬起来，妈妈给儿子拍打掉衣服上的灰尘，就拉儿子去了附近的超市。

一进超市，晨晨看着琳琅满目的商品，又开始乱跑着想挑东西，阿美才刚哄完孩子，哪里能再让孩子皮呢？阿美紧紧攥着孩子的手，给孩子买了几样好吃的，孩子也蛮高兴，只是跟着妈妈转到货架的另一面，竟然来到了玩具区。

晨晨的目光扫过货架上的一大堆玩具，很快就发现了一辆好看的红色玩具小车，说什么也不肯走，非要那辆小玩具车。阿美劝说孩子："晨晨，家里有很多小汽车啦，不玩啦，回家玩好不好？"

孩子一百个不乐意，又拽不过大人，眼看着要离开玩具货架，嘴巴一张，哭声顿时响彻整个超市，不管男女老少，都不自觉地看向这边。阿美慌了神："买买买，儿子，咱们去拿小汽车好不好？"

儿子哭得实在厉害，也听不清妈妈说了什么，直到妈妈快步走到货架前取来红色小汽车放进他怀里，他睁眼一看，心爱的玩具有了着落，哭声戛然而止。阿美拉着孩子快步去结了账，就飞也似的离开了超市。

回到家，阿美疲惫地看着儿子玩小汽车，觉得口渴去倒水，顺便再烧一些水好放凉喝。只离开几分钟，就听见熟悉的哭喊声从客厅传了过来。阿美赶紧放下热水壶到客厅一看，孩子歪在桌子旁边，应该是捡滑出去的小汽车时，不小心磕到了。妈妈心疼地抱着孩子："乖儿子，哪疼啊？告诉妈妈，妈妈给你揉揉。"

晨晨边哭边指着腿，妈妈赶紧轻轻给孩子揉了揉腿，又当着孩子面假装认真地"狠狠"打了桌子几下："都怪它不好，它不乖，妈妈打它。"晨晨看到"坏"桌子被妈妈打了一顿，也被妈妈揉得不怎么疼了，又哭了几声就逐渐降低了音量，随后自己抹抹眼泪不哭了，捡起红色的玩具汽车接着玩起来。

分析

在中国传统文化和思想中，哭，代表了无能和软弱。所以家长希望孩子能更坚强，不要随随便便就哭鼻子，否则就会变成软弱无能的人。尤其男孩子的家长，认为不能纵容孩子哭，要让孩子成为男子汉，所以会为哭这件事批评孩子甚至言语威胁孩子。

教育孩子要坚强是对的，只是将孩子哭和不够坚强联系在一起太过片面。我们可以这样想：即使拥有丰富经历和成熟思想的大人，都需要不时发泄情绪，自我安慰，更何况心智发育尚未成熟的孩子呢？他们消化负面情绪的能力远不如大人，与生俱来的情绪消解本能就是哭。

钢铁需经过千锤百炼，才能越发坚韧；同理，让孩子在成长中面对更多事情，学会自己处理情绪才能让坚强的品质在磨砺中逐渐养成。家长压制孩子情绪的话，只会让孩子习惯以"刚强"的假面示人。当遭遇无法承受的挫折时，反而更缺乏韧性。

家长克制孩子情绪发泄会有怎样的后果呢？

当孩子的情绪找不到合适的出口释放，这些情绪就会越积越多，引起情绪阻滞，孩子就会纠结于这些不愉悦的情绪之中无法自拔，会失去安全感，可能变得封闭内向、胆小、黏人或脾气暴躁……被中断的负面情绪也并不会消失，当孩子累积到承受不住的时候还是会释放出来，甚至做出家长无法预料的更有破坏力的行为。

值得注意的是，上文故事中妈妈假装打桌子来让孩子好受一些的行为，是完全错误的。表面上家长为孩子成功疏导了情绪，实际上只会让孩子养成推卸责任的习惯。孩子再遇到挫折时，就不会从自己的身上找原因，而是把责任推到别人身上。

其实孩子真正需要的只是好好哭一场，痛快地不被打断地哭完就好了，家长允许孩子哭，孩子才会真正乐观、快乐，并逐渐增强自制力与抗挫力，在学习自我调控情绪的过程中健康成长。

对策

第一，因为身体疼痛哭。

孩子面临突如其来的疼痛会依靠哭喊来宣泄，所以家长可以引导孩子认清疼痛的本质和原因。刚开始几次吃痛哭得通常比较厉害，之后就会慢慢对轻微疼痛有耐受性，孩子就不会哭或哭得不那么厉害了。

第二，因为委屈、难过哭。

孩子受挫折，被误会，不被理解和关心都有可能让孩子委屈难过地哭泣，心理情绪上的问题需要谨慎处理，否则容易给孩子留下心理阴影。碰到心理问题关键在于共情策略，家长和孩子温和沟通，引导孩子说出自己的想法，调整心态，慢慢地孩子就能更好地控制自己的情绪。

第三，为了威胁家长哭。

孩子故意用哭磨人，来达到自己的目的。有时家长就会忍不住发火或者妥协来让孩子停止哭泣。不过这是治标不治本的方法，最好的方法就是让孩子继续哭，让他们理解哭没有任何效果，自然而然就会停止哭泣了。

当然，家长还是要引导孩子说出需求，如果可以满足孩子的话，就引导孩子采用正确的方式说出需求，帮助孩子养成正确的沟通习惯；如果不能满足孩子，那就温柔而坚定地拒绝。最重要的是在孩子哭的时候坚持原则，耐心等待。

正确处理的事例：

有一位妈妈带儿子逛超市。儿子拿了一袋零食想拆开，妈妈说："不能打开，没有交钱的时候不能打开。"儿子马上抓狂地尖叫，大哭大闹。但孩子妈妈微笑淡定地和周围的人说："不用管他，让他叫。"在持续1分多钟的哭闹声中，妈妈没有生气，也没有说一句话。直到儿子不再哭闹，她走过去蹲下，温柔地说："要到收银台付了钱才能打开。"儿子点点头，安静地跟着妈妈离开了。

德国心理学家卡萝拉·舒斯特说过："其实孩子哭的时候，最先需要处理的是家长的情绪。"当孩子哭的时候，父母不必产生挫败和焦虑感，也不要太过担心，想方设法急于制止。

别让孩子的哭闹成为要挟父母的手段，也别让孩子失去简单的情绪发泄渠道。

第二节 克制孩子的脾气

背景：妈妈陪着3岁的媛媛上幼儿园。
问题：孩子脾气大，家长不知道该怎么办。

马上就要上课了，小朋友们陆陆续续地从活动区走进教室，每个人都搬着小椅子放到桌子后面，然后坐着等待上课。媛媛却还在活动区玩得高兴。妈妈着急地催了她好几次，媛媛才磨磨蹭蹭地进了教室，这时别的小朋友都已经坐好，老师也准备开始上课了。

尽管妈妈带着媛媛进教室已经很晚了，媛媛却没有要去搬空椅子并坐下的意思，而是转来转去地看其他小朋友坐着的椅子。她是想要一把红色的椅子，不巧的是教室里唯一的一把红色小椅子已被另一个小朋友坐着。媛媛跑过去二话不说就推坐在椅子上的小朋友，企图把椅子抽走。老师正边讲话边关注着迟到进来的媛媛，看到媛媛此时的暴力举动，立刻让媛媛妈妈拦住媛媛："媛媛的妈妈，请管制下孩子，如果媛媛想要椅子就让她问问坐在椅子上的小朋友，同不同意把椅子让给她，只有小朋友同意才可以拿，不同意的话就不可以。"

那边，媛媛已经和刚才坐在椅子的小朋友抢了起来。妈妈在旁不痛不痒地制止着，还用商量的口吻劝着媛媛："媛媛，你问问这位小朋友好不好，你问一问小朋友就把椅子让给你了，不可以抢哦。"媛媛则一边咬牙抢着椅子一边喊："让给我！行不行！"另一位小朋友很生气地紧紧抓着红椅子的另一端，干脆地回答道："不行！不行！"

媛媛听到被直接拒绝了，嗷嗷叫着往后拽椅子，甚至膝盖一屈，一屁股坐在了地上，借着自身的重力使劲拉扯椅子，两条腿也没闲着，一个劲儿地踢踹原先坐在椅子上的小朋友。

看着局面已经混乱不堪，老师终于忍不住和媛媛妈妈说："现在我们在上课，媛媛妈妈，请你先带孩子出去稳定一下情绪吧！"媛媛妈妈应下，却没有马上带女儿离开,而是很为难的模样,边安慰媛媛边和拉着椅子另一端的小朋友商量起来:"你就让给她吧,你看她都哭成这个样子啦。"小朋友本来坐着好好的,忽然被人推了一下,又要抢他的椅子,就已经够委屈了,听到这话,嘴巴噘得老高,眼泪都要流出来了。

老师听了也很无语,干净利索地走过去把地上的媛媛抱出了教室,孩子妈妈见状也一声不吭地跟在后面出了教室。媛媛一直哭闹个不停,不管妈妈怎么哄都不奏效,老师隔着窗户看到教室里乱成一团虽然急着回教室,还是耐着心告诉媛媛妈妈:"旁边有几个不上课的教室,赶紧让媛媛找个椅子再回来上课吧。""抱歉老师,我这就带孩子去搬椅子。"媛媛妈妈抱歉地回答道,然后拉着女儿去找椅子。

"不行,我要红色的!"媛媛还是坚持要找红色的小椅子,妈妈也没有办法,只能拉着孩子一个教室一个教室地找过去,可算找到一把红色的小椅子。过去这么一会儿,媛媛情绪也稳定下来了,搬着小椅子就要进教室上课,老师却把媛媛拦在门外:原来,园里有规定,上课迟到了就不能中途进教室。媛媛被拦在门外,情绪瞬间又爆发了,把椅子一摔就大哭起来,怎么也不肯停止哭闹,甚至剧烈地干呕起来。媛媛妈妈只得端着垃圾桶拍着媛媛的背,老师在门口解释给孩子听:"媛媛,你现在进去会影响其他小朋友,而所有小朋友都要遵守这个规定。"媛媛大喊着:"我不要!我不要!我要进去!"边喊着又要往教室里冲,老师坚定地阻止了媛媛,认真地说:"假如你想和老师做游戏,就要在下节课开始前在教室里坐好!"媛媛又挣扎了几次都徒劳无功,终于明白这节课是进不去了,然后停止了哭闹。媛媛的妈妈也擦了擦额头的汗水,带着慢慢冷静下来的媛媛回活动区等待了。

分析

上文故事中媛媛的脾气这么大,主要形成条件就在于家庭的教育环境。现代社会绝大多数家庭都是独生子女,所以家长会格外地疼爱和宽容孩子;反过来,孩子自然也会过度地依赖家长解决问题,而家长的教育不作为就等于纵容孩子变得蛮横无理。需要注意的是,父母的教育口径必须一致,教育务必坚持统一标准,假如家长或长辈中有人袒护,就会让孩子尝到甜头,下次还会闹得更凶。

要想从根本上解决孩子情绪不稳定、易发脾气的问题,我们首先要找到孩子发脾气的各种原因,才能更好地考虑孩子想要什么。

第一种原因,孩子也想自立,但想"掌握"一些事情的愿望常常被大人或自己有限的能力所阻碍而无法完成,受了挫折就想发泄。

第二种原因,很想表达情感、愿望和需要(包括孩子为了引起他人的关注),但无法用准确的语言表述时,孩子就可能发脾气,因为孩子觉得哭闹比话语更响亮、有力。

第三种原因,不会控制自己的行为,家长的规矩和建议孩子虽然也想遵守,但控制不了自己,往往就会哭闹,甚至攻击别人,行为有破坏性。

第四种原因,当孩子在饿了、累了、兴奋了、无聊了等不适状态下就可能发脾气。

而上述原因可以大致分成两类:孩子发脾气的目的是合理要求还是不合理要求。家长对孩子的合理要求应予以满足,不合理的要求则坚定拒绝,无论如何不可以妥协,要让孩子清楚:吵闹发脾气是没有用的。这样孩子就不会依赖发脾气来解决问题,而会选择其他方式沟通;但孩子提出需求了,家长就要耐心地告诉孩子为什么不行,而不是在孩子不明白原因的情况下断然拒绝,特别是当小孩提出要求时,还没等讲完就被家长否定了,这样会使孩子分不清自己的要求哪些是合理的,哪些是不合理的,也就影响了孩子判断能力和认知水平的提高。

对策

当孩子发脾气的时候,通常情绪失控,哭闹暴力,此时让孩子"不要哭了""好好说话""不能这样"都是没用的,因为孩子根本听不进去也做不到。

孩子发脾气时,家长应坚持以下做法。

第一,不要责骂或惩罚孩子,更不要向发脾气的孩子发脾气。因为发脾气本身不是道德问题，只是孩子的错误表达方式。

第二，控制孩子行动，不要让孩子伤到自己或毁坏物品。

第三，接纳孩子的脾气，用共情语言打动孩子。

比如，家长没有给孩子买想要的玩具，可以说："妈妈知道你很生气（难过），但我们之前有约定，只能在过节时候买玩具作为礼物，而不是看到就买。现在妈妈可以陪你去外面走走，或者你自己冷静一下。"

重点在于告诉孩子，家长知道他需要什么，心情如何，为什么不可以满足他，以及给出具体的引导方式，让孩子的情绪释放出来。等孩子发完脾气，冷静下来，家长再教育孩子认识发脾气的危害，教孩子控制情绪而不是被情绪控制放纵自己的"无意义"行为。

第三节　保护孩子的自尊心

故事

背景：妈妈带着4岁的儿子帅帅去上幼儿园。

问题：妈妈不小心伤了孩子自尊心，孩子不乐意了。

今天像往常一样，妈妈带着儿子帅帅去幼儿园。妈妈一只手拉着帅帅，另一只手提着儿子的小书包。可能是因为儿子晚上睡得早，起床就特别有精神，在上学路上拉着妈妈的手蹦蹦跳跳的，很是兴奋。

走到幼儿园门口的时候，帅帅被路上的什么东西绊了一下，身体猛地往前趔趄了一下，多亏妈妈一直拉着帅帅的手，不然帅帅就摔倒了。这可把妈妈吓了一跳，一急之下不禁提高了音量喊道："哎呀，你看你这个小傻瓜！跳什么跳呀！差点儿就摔着！"

没想到帅帅小脸涨得通红，然后很不服气地抬头看着妈妈，一边拍打着妈妈提着的书包，一边振振有词道："妈妈你说我傻干吗？说我傻干吗？不准说我傻！不准说我傻！"

看着儿子这么激动的模样，再看看周围来来往往的家长和孩子，妈妈一下子就明白了：因为这里是幼儿园门口，早上正有很多大人带着小朋友进幼儿园，还有在门口值班的老师，刚才自己责备孩子的声音那么大，说孩子是小傻瓜，周围的人多多少少会听到一点，孩子心里是介意的，觉得很没面子、很丢人，被伤了自尊心才会这么激动。

想到这里，妈妈赶忙蹲下来，帮帅帅背好小书包，边帮他整理衣服边说："对不起啊宝贝，妈妈不是故意要这么说你的，而是刚才被你吓到了，一时情急才脱口而出的，下次妈妈一定注意好不好？我想我的小帅帅是个大方宽容的男子汉，一定不会因为妈妈不小心说的话而不开心，对不对？"

帅帅忍住眼泪，连连点头："嗯！"

"真乖，那宝贝快进去吧。"妈妈亲了儿子一下说。

"我也亲亲妈妈，妈妈再见。"说着帅帅也在妈妈额头上亲了一下，然后一

第三章　转化情绪——出现情绪，重在引导

边挥手，一边跑进幼儿园到他们班老师身边去了。

分析

在故事里，妈妈无意间当众批评了孩子，孩子坦率的反应才让妈妈认识到了自己话语的不妥，最终妈妈用真诚化解了和孩子的小矛盾。但绝大多数家长都无法认识到，自己的很多行为都会让孩子自尊心受创。

一、人前教子，比较孩子

有的父母喜欢"人前教子"。例如，在公共场合大声批评孩子，此时孩子心里会承受更多压力，心理活动也完全聚焦于"希望家长别说了，好丢人"，而不是反省自己的错误。这显而易见是一次无效的教育，家长却还会产生让孩子丢丢人才能认识到错误不敢再犯的错觉。

还有家长会当着孩子的面，在别人面前说自家孩子不如别家孩子。例如，很多家长都很耳熟又很顺嘴的一句话，就是"人家孩子怎么怎么的"。家长在拿他人孩子的优点和自己孩子的缺点进行比较的时候，孩子心里则会想："自己什么事都努力去做了，父母还在别人面前只说自己的缺点和错误。"加上同龄的孩子中，本就有比较心理，孩子就会逐渐自我质疑，失去了努力竞争的信心。

也有家长不比较孩子优缺点，比学习成绩。例如，一位家长说："你看，你这次期末考试，考了85分，人家隔壁家小孩怎么能考100分？你真没用，榆木脑袋……"

学习成绩的高低并不能完全衡量一个人能力的好与坏，也和兴趣、天赋、环境、思想等方面息息相关。有许多科学家和伟人小时候都不是很出色，有的甚至连小学都没上完，但后来经过自己的刻苦努力，照样成为伟人，这样的例子可谓数不胜数。所以，考试成绩的好坏并不表示将来的好坏，家长不必非要纠结于孩子的成绩，关键在于孩子是否努力学习，家长首先要培养的应该是孩子积极乐观、永不言败的人生态度。

不管是比较孩子的优缺点、学习成绩，还是比较其他方面，家长的行为目的一定是希望通过刺激让孩子向优秀孩子学习，而不单单是无意义地贬低孩子，但结果往往与家长的期望背道而驰。因为孩子听了往往会错误地判断为父母不喜欢他或在讽刺挖苦他，心里会不高兴，同时也打击了孩子学习、向好的积极性。这种不适当的比较，百害而无一益，对性格刚强的孩子可能激起逆反的行为；对平和温顺的孩子，则会在心中留下自卑阴影："我不如别人的孩子好，他这么优秀才有价值，我很差劲很笨，爸爸妈妈不喜欢我……"孩子会默默地想很多，给自己套上沉重的心理枷锁。

二、不恰当的惩罚方式

打骂体罚是对孩子自尊心最直接的伤害。作为成年人，确实可以用暴力来改变孩子的行为，但这并不能改变孩子的想法。孩子的行为一定有他自己的理由，如果家长不去了解孩子行为的缘由，只是根据自己的看法去判断，孩子只会屈服在压力之下，而非彻底信服。在家庭教育中，家长一味地惩罚打骂只会让孩子感觉孤立无助，毫无尊严。

三、强迫孩子做事

孩子和大人一样有着独立人格和思想，他不是任由家长指挥、不需要思想的机器人，所以家长要尊重孩子自己的选择。如果因为家长是孩子的生命创造者、食宿供给者，就觉得应该获得支配孩子意志的权力，让他做什么他就得做什么的话，那孩子岂不是成了家长的奴隶？强迫孩子做不愿做的事，等于漠视孩子尊严，当下的强制不是长远的强制，孩子始终要学会独立思考和选择。寄希望于"孩子将来会明白"来解释自己强迫孩子做的事，永远也等不到孩子的"谢谢你"。

四、不信任孩子

"我陪你一起去洗手间。""我来吧，你还不行。""你别逞能了，我去弄。"家长总把孩子放在安全第一、能力不够的位置上，却忽略给孩子锻炼的机会。孩子跃跃欲试的过程正是锻炼自信心的好机会，家长过度溺爱或者过分质疑孩子的能力，只会让孩子的表现欲望夭折，随之受创的就是孩子的自尊心。

对策

在孩子需要鼓励时，家长应该掌握的方法是教育孩子跟自己比较，跟昨天的自己比较。"不错，你这次的成绩比上次进步了！""儿子比以前更懂事了！"有了信心，孩子才敢于迈步前行，相信自己会更棒！

每一位家长都要明白：在人格上，孩子是和自己平等的独立个体，而且孩子生来就有权利得到尊重。请家长像尊重自己，尊重领导、同事、朋友一样尊重孩子。

在教育过程中要避免当众批评孩子，也不应该随意比较孩子（毕竟哪一位家长也不希望自己被别人比较后认定是没钱、没出息，不好看、脾气又差的家长），保护孩子的自尊心对孩子健康成长非常重要。

假如上一代已经用错误的言行教育过自己，打骂体罚也好，强迫自己做事也罢，已经受过伤害并深有感触的家长请拒绝把这些错误的教育管理行为延续下去，不要轻易伤害孩子的自尊心，要信任孩子，让他们成为有思想、有灵魂，独立自主的、更棒的自己！

第四节　以身作则控制情绪

背景：妈妈带着5岁半的女儿可可去餐厅吃饭。

问题：女儿打碎了杯子，妈妈大发脾气。

星期六的晚上，孩子爸爸在单位值班，妈妈带着孩子到餐厅吃晚饭。很快饭菜都上齐了，妈妈边给孩子夹着菜边大快朵颐，母女都很开心。

女儿可能不是很饿，边吃边玩，这时服务员又端过来两杯果汁。孩子看到面前的漂亮杯子，一下子来了兴趣，看一看、摸一摸，又拿着杯子转过来转过去，直到"嚓"的一声脆响，杯子连带果汁掉到地上摔了个粉碎，小家伙的胳膊上也洒了不少果汁。

"你这孩子怎么回事？就是手痒痒！我和你怎么说的来着？吃饭的时候不许玩，你就是不听，这下好了吧，杯子都摔碎了。再这样，以后妈妈就不带你出来吃饭了！还不赶紧跟我去洗手！"妈妈大声斥责着女儿。

就在这时，戏剧性的一幕出现了。只见妈妈起身的时候太急，忘记了还搭在腿上的餐巾，转身时带着餐巾扯着桌子上的盘子、碗、刀叉、杯子"噼里啪啦"一股脑儿掉到了地上！制造出这么大的声响，周围所有人都看了过来，妈妈又尴尬又难堪，她怒视着女儿："都怪你！这下你开心了吧！盘子都摔碎了！还吃什么吃！"小家伙原本撇着嘴强忍着听妈妈的训斥，这下终于忍不住也崩溃了，哇哇大哭起来！

等妈妈拉着可可从洗手间再出来的时候，服务员已经为她们换好了餐具，可可也不哭了，只是她们再坐下来吃饭时，两人刚才的好心情显然已经和玻璃杯、盘子等一起摔碎了。

一顿原本开开心心的美味晚餐，在孩子的哭哭啼啼和妈妈的怒气冲冲中变

了味道。其实孩子在打碎杯子的时候，她自己也被吓到了，如果她知道玩杯子的后果是会摔碎杯子，连果汁也没得喝的话，那她一定不会那么做。只是可可毕竟才5岁，没有足够的"生活经验"来判断自己的行为后果。

作为妈妈，如果在看到杯子摔碎的时候，能温柔地安慰女儿："没关系，再要一杯果汁就好，玻璃杯子很容易摔碎的，不可以拿来玩哦，知道了吗？"结果又会怎样呢？也许可可会感激妈妈没有骂她，也会更小心地对待桌子上的其他餐具，妈妈也不会因为生气而把桌上的几样餐具都无意中摔碎。一个杯子和母子俩一晚上的好心情比起来，自然是微不足道的，如此来看，生气实在得不偿失。何况家长是养孩子，而不是养杯子，不要因为一时控制不住情绪而责骂孩子。

现在的家长普遍肩负着巨大的工作压力和生活压力，当休息不好或情绪糟糕时，要是再赶上孩子不听话，往往容易对孩子情绪失控，责备甚至打骂体罚孩子。但孩子的错误往往只是诱使家长情绪失控的引子，而非令家长头脑发昏、暴躁不已的主要原因。很多时候，一个人有了孩子就变成了家长，但情商和处理事情的能力却不可能随之自动提升，所以家长更应该和孩子一起学习、一起成长：孩子接受教育和培养；家长学习怎样爱，怎样教育管理！

孩子可塑性强，容易受到环境影响，并且有很强的模仿能力。如果家长经常发脾气，孩子可能会认为发脾气是一件正常的事，慢慢就会效仿家长开始发脾气。孩子发脾气家长会苦恼，作为家长有没有反思过：是不是经常对孩子发脾气？有没有当着孩子的面和配偶或其他人争吵？当家长能以身作则控制好情绪，就能更好地应对孩子犯错的场面，也更清楚该怎样帮孩子控制情绪；假如自身情绪都控制不好，更遑论教会孩子处理情绪了。

 **对策**

好的家庭氛围和教育行为有助于孩子健康成长。家长应该知道：在任何情况下，最有效的应对方式，都不是过激的回应，而是冷静下来，选择真正有效的理性回应。

当孩子犯了错，比呵斥孩子更有必要的是安慰和引导孩子，家长只有理解孩子的想法才能更好地和孩子沟通，让他们明白自己究竟错在哪里，让他们懂得正确的做法，在让孩子得到谅解和关爱的同时，孩子会更乐意接受教育。所以，家长要改掉动不动就责骂孩子的坏习惯，保护孩子的自尊心，让孩子能积极探索、学习和生活。

在孩子哭闹时家长要控制情绪，不要厌烦和阻止孩子释放负面情绪，避免造成孩子情绪阻塞。平静温和地接纳孩子的发泄也是对孩子的爱。

当孩子发脾气的时候家长要冷静平和地应对，才能使孩子逐渐平静下来。如果家长也发火动怒，和孩子对着发脾气，只会让事情往更糟糕的境况发展。

让孩子学习控制情绪，要从家长控制好自身情绪开始，树立正面的行为榜样和良好的家庭教育氛围很重要。家长可以理性看待孩子的成长经历，鼓励试"错"，平淡看"错"，把一次次孩子犯错后的不安和惶恐变成一次次增长孩子见识的机会，用爱铺就智慧的基石，给孩子更多可能性的成长机会。

第四章

主动沟通——积极交流，耐心倾听

孩子不愿意和家长交流，有时候宁可和自己的老师或者同学以及其他人交流，也不愿意与家长有过多的言语交谈，更别提和家长说说心里话了。这一点不能完全责怪孩子，不排除有些孩子自身性格存在问题，但绝对和家长的教育方式有很大关系。就算是孩子自身性格的原因，也不排除孩子性格的养成是家长采取不同教育手段的结果。

第一节　与孩子交流

背景：妈妈是高铁职员，在家时间少，平时都是爸爸照看12岁的润润。

问题：相处时爸爸忽略了孩子的感受，不懂得沟通，使得孩子不愿与爸爸交流。

"爸爸，我吃饱啦，嘿嘿。"润润放下筷子，擦了下嘴笑着说道。

"吃饱了就赶紧去写作业吧，爸爸收拾，一会儿写完作业爸爸可要考你昨天背的英语哦，抓紧！"

"哦，知道啦。"润润应了一声就回屋开始写作业，爸爸则开始收拾餐具。

一个小时后……

爸爸走进女儿的房间："写好作业了吧，英语书拿过来，昨天背的单词我考考你。"润润递过英语书，乖巧地坐回到椅子，等着老爸提问。

爸爸说中文，女儿说英文和拼音，有说有笑，气氛很是和谐。接连提问了十几个单词，都答对了，爸爸不禁满意地点点头，接着又提问了一个，这次润润居然没有立刻答上来，支支吾吾地"额"了半天还是没想到。

眼见女儿没有答上来，爸爸皱起了眉头，说了一句话就把气氛降到了冰点，"你看你，肯定是昨天晚上看电视，背进去的都忘了。"润润急忙辩解："不是的，是因为我昨天……""你不用说了，今晚不许看电视，在屋里好好背英语单词。要是学习成绩下降了，你妈又该怪我没监督好你。"

润润委屈地张张嘴却不知道该说什么，最后无力地挤出两个字："好吧。"爸爸说完就放下英语书，满意地离开了房间。却没有听到女儿小声嘀咕道："今天考数学，我昨晚背好单词去做数学题了吗，明明和看动画片没关系，坏爸爸……"

第二天晚上，润润放学回家默不作声地去洗手换衣服，吃饭的时候也沉默寡言。爸爸照常和润润聊天，好像不记得昨晚批评女儿的事，润润却不怎么感兴趣，迅速吃完后放下筷子，说了句："我累了，先回房间啦，爸爸。"爸爸扒了口饭，点点头，倒也不在意。得到许可的润润迅速回了房间。

第四章　主动沟通——积极交流，耐心倾听

润润回屋不久，爸爸端着削好的梨块送了进去："润润，天气干燥吃点梨吧。""谢谢爸爸。"润润仍旧乖巧地答应着，只是气氛有点尴尬。爸爸摸摸鼻子思索了几秒，笑着说："对了润润，老师在微信群里表扬你了，说你昨天数学考了满分，真厉害。你怎么不和爸爸分享这个好消息呢？"

润润伏在桌前写字的身影轻微地抖了一下，转过身望着爸爸，泪水在眼里打转，红着眼眶委屈地说："因为我想给你和妈妈一个惊喜，想考个好成绩告诉你们啊。为了考好我前天晚上做题到很晚，你那会儿都睡着了。昨天你还不听我解释，我不想和你说话了。"

爸爸听了女儿的话，又自责又愧疚，但还是硬着头皮说："好啦好啦，知道你用功学习了，以后晚上让你多看一会儿电视，行了吧？"润润摇摇头，背过身去继续提笔写作业，淡淡地说道："电视也没什么好看的，我一会儿学习完早点睡，今天累了。"

爸爸看着女儿近在咫尺的小小的身影，只觉得在灯光下显得那么遥远，一时不知该说些什么了。

分析

有多少家长像文中的爸爸一样肩负着照顾孩子、培养孩子的责任，却无法和孩子建立良好的沟通关系呢？当孩子不愿意和家长交流时，一定是有他们自己的理由的。作为父母，一定要真正地了解孩子，明白该用什么方式去和孩子交流，才能和孩子保持亲密，不致因为交流问题让孩子疏远了家长。

在上文中，爸爸不给女儿解释的机会，就自顾自下达了惩罚措施——不让孩子看电视。却不考虑女儿记不住单词的原因和被批评的感受。其实爸爸是很辛苦的，妈妈因为工作关系不能照顾孩子，爸爸除了工作还要独自一人照顾好女儿的饮食起居，更要督促孩子好好学习，如此努力却无法让女儿喜欢，不愿意敞开心扉地与其交流，爸爸也是相当难过的。

爸爸用错误的交流方式对待女儿，因此遭到女儿的反感，不想和爸爸沟通，一来是因为不愿意与其交流，二来则是怕言多必失，说错话又被批评，索性自己待着好了。而爸爸在知道真相的时候依旧戴着家长身份的枷锁（家长典

型的阶层观念，也是因为大人的自尊心）不愿意道歉，如果爸爸愿意承认自己没有耐心听女儿解释就直接打断女儿的话是不对的，然后诚恳地道歉，事情又会怎样发展呢？也许女儿润润会原谅老爸，两个人会和好如初。

　　家长与子女的矛盾，多半是因为沟通不畅导致的，最根本的原因是家长没有摆正观念，没有用正确的方式沟通，慢慢地孩子与父母产生了隔阂，有什么事、有什么情绪都不愿意表达，最后愈行愈远。为什么这里我写"没有用正确的方式"，而不是写"不懂正确的沟通方式呢"？因为家长们明明都清楚，真正有礼貌的、正确的交流方式是这样的：当与老师或长辈或领导说话时，要耐心倾听，不可以打断、不可以插嘴，因为很没礼貌。而当对象换成孩子，家长往往忽视了基本的沟通原则，轻视孩子的想法和情绪，认为孩子太稚嫩不懂什么，但家长被"阶层观念"所蒙蔽的双眼原本应该看到的是：孩子拥有和大人一样的人格，应当独立自由，需要被公平对待！

　　保持良好的沟通关系，孩子什么事都愿意和家长说，可以把许多问题消灭在萌芽状态。反之，后果不堪设想。比如，孩子和家长说被别的同学推了一下，如果家长不管三七二十一去学校闹一通，或嘲讽孩子"你怎么这么厉"，可能孩子就不愿意再向家长倾诉（求助），最后可能以孩子伤了别人或自己受到伤害的结局收场。家长与孩子是否有良好沟通对孩子性格和心理的影响，都会改变孩子的未来，这是必然的，正如同蝴蝶效应（蝴蝶效应是指南美洲亚马孙河流域热带雨林的一只蝴蝶，偶尔扇动翅膀产生的微弱气流，可能会形成几周后席卷美国得克萨斯州的龙卷风这一连锁反应）一般。可见，"前因"的微弱差别不被家长重视，就可能造成教育失败或影响孩子的严重后果。

　　通过良好沟通了解孩子的想法和成长信息更有利于家长进行教育，帮助孩子或纠正孩子；而交流不畅容易导致信息匮乏，家长不能很好地掌握孩子的近期状态，从其他人口中得知的版本始终不如孩子自身的观点来得直接，所以还是尽可能创造条件，让孩子畅所欲言吧！

对策

　　不要经常打击孩子，责骂孩子。有错误可以就事论事，让孩子认识错误才是目的，让孩子害怕和难受都不可取。

在与孩子沟通时多一些耐心，少一些"指教"，也许孩子想法稚嫩、奇特，家长要包容地去对待，也许听完孩子的想法就会改变你原先的结论和观点。更为重要的是：在别人说话时，不要随便插话，不要随意打断，培养孩子懂礼貌要从家长以身作则开始。

如果孩子没有交流的积极性，不要盲目追赶着去做沟通工作，因为孩子很有可能听不进去。在孩子2岁的时候，就会因为自己专心玩玩具时家长在旁边骚扰而觉得烦躁。所以，家长要学会在合适的时间、场合对孩子敞开心扉，保持平等的沟通对双方关系改善有很大作用。问题不是一日产生的，所以需要慢慢解决。发自内心地认可孩子，终究会把孩子变回家长无话不说的"好朋友"。

第二节 解放话语权

背景：爸爸在新媒体公司工作，妈妈做广告策划，孩子亮亮今年 7 岁。

问题：家长抢夺孩子的话语权，久而久之孩子就不愿意说话了。

今天家里来了很多客人，有位客人带来一个柚子，放在桌子上。这是亮亮第一次见到柚子。他很好奇，走近桌子，盯着柚子看来看去，不时凑过去闻一闻，戳一戳。客人看到亮亮好奇的模样，就逗他说："亮亮，你知道这是什么吗？"

这可把亮亮难住了，这是个啥？歪着小脑袋想了半天，回答说："这是个大橘子！"客人们一听，开心地哈哈大笑，亮亮的爸爸妈妈看到笑得前仰后合的客人们，很是尴尬，一把拉过亮亮："傻孩子，这是个柚子，不是什么大橘子。"亮亮站在一旁，没有说话，小脸憋得通红，客人们大笑的声音还回荡在房子里……

从此以后，亮亮见到客人都会躲起来，不愿意见客人，也不愿意说话，生怕说得不对被嘲笑或被批评，而爸爸妈妈看在眼里，也只当孩子有些内向，没太当回事。

又是一日，亮亮一家搬到新家，其他地方都安置妥当，只是客厅的布局还需要调整，不知道沙发应该放在什么位置。

妈妈说："就放在客厅侧面吧，显得空间大。"亮亮也在一旁说道："放客厅正中央吧，这样看电视就不用歪头了。"爸爸却紧接着说："放什么中间，别瞎捣乱，听你妈的，放侧面。"

亮亮听着爸爸的话，只觉得一阵委屈，最后呜呜地哭出声来。爸爸一回头，看着儿子大哭，却不解地挠挠头：这孩子，怎么莫名其妙就哭了？

有许多家长抱怨，孩子别的地方都很好，就是不爱说话。而在现代社会中

能说会道也是很受欢迎的个人能力之一。其实家长只要细细观察就会发现，每一个沉默寡言不爱讲话的孩子背后，就有可能有一位多言多语的权威型家长。同样的交流时间中，只能有一个人在讲话，所以家长的话语权越多，孩子的话语权也就越少。在成长过程中，父母讲话的方式和比重，也就决定了孩子是能言善辩还是沉默寡言。

表扬、批评、鼓励、提醒、唠叨……家长不停地用"机关枪式"发言，把各种形式的话语一股脑儿地抛给孩子，明明是在与孩子交流，却只顾行使自己的话语权，忘记了让孩子发言，活生生地变成了一出独角戏，孩子的话语权慢慢被家长剥夺，时间久了也就习惯了，善于倾听，脑子不笨，就是不愿意发言。

话语权，不仅仅是表达，还是自由表达。两者有着天壤之别。自由表达是让孩子说他想说的话，而不是家长爱听的话。有时孩子会说话不靠谱，异想天开，家长还是应该认真倾听，再去引导孩子自己分析思考，不行在哪里，不好在哪里，让孩子明白比否定打压更有意义。有时孩子会说不符合社会规范的话语，绝大多数家长都会立刻让孩子闭嘴或打压孩子，但打压的只是孩子的自我表达能力，根本打压不了孩子的真实想法，所以即便孩子不再这么说，也有可能这么想。打压自然是治标不治本的下策。将来的某一天，真的需要孩子自我表达的时候，孩子觉得开口也是被打压、被否定的结果，那么他就更容易默不作声、一言不发了。

有了自由表达的发言权，还有一点需要注意，就是给予孩子及时反馈。没错，这就和家长们平时在职场中听到的工作反馈是异曲同工的，孩子们认真地表达完自己的意见，一定希望家长认真听、认真考虑，而不是敷衍或无视。感受到爸爸妈妈倾听的诚意，感觉有存在感，孩子会更喜欢发表看法和感受。换言之，孩子更外向，喜欢表达也就锻炼了交流能力，更多了动脑思考的机会和组织语言的能力，这才是对孩子最有利的。

对策

与孩子沟通，一定要耐心地倾听，把说话的机会多留给孩子。家长在听完、听懂孩子的意思后，再表达自己的看法。如果家长想确定孩子是不是说完了，可以问孩子："宝宝，你说完了吗？"孩子说的看法大人往往听三言两语就觉得懂了，倒不如问："孩子，你刚刚说的话，爸爸是不是可以这么理解……"

当孩子拥有了真正的话语权，有了表达自我的机会，在孩子不顾外界的眼光自由表达自己的想法时，请家长对孩子说："宝贝，你的想法真棒！"

第三节　让孩子爱说话

故事

背景：妈妈是商城导购，爸爸是公司职员，儿子小明今年11岁。

问题：孩子说话总被父母纠正反驳，备受打击，不爱说话。

"尊敬的老师、同学，大家好。"小明大声地念道。

"是同学们，重新来。"爸爸在一旁纠正。

原来快要过元旦了，小明和另一名同学负责班级元旦茶欢会的主持工作，所以小明正兴奋地在家里练习。

"哦哦对，是同学们。咳咳，尊敬的老师、同学们，大家好。"小明改正了一下流利地说道。

看着旁边点点头没说话的爸爸，小明咽了咽唾沫继续往下说："今天是元旦节，很高兴由我为大家开茶欢会，首先在这里祝大家——元旦快乐！"小明边想台词边说。

"别用开字，用主持多好。"从厨房传来了妈妈纠正的声音。

"对对，主持茶欢会，这样显得专业。"爸爸也同意妈妈的纠正，附和道。

"哎呀，你们别老是打断我呀，让我先把词顺下去吗。"小明有些不耐烦地摆手说。

爸爸揉揉小明的脑袋："臭小子，我下班这么累陪你练台词还不是想让你在元旦好好表现，明年大家不多给你投票，你能当选班干部吗？"

儿子无从反驳，又说："那我也得先捋顺了再一点点改正细节吧，这样说一句改一句我都记不住。"

爸爸说："你那套不好使，一开始不把台词定下，你背习惯了后面不好改。听你老爸的吧，我吃的盐比你吃的饭都多，走过的桥啊，比你走过的路还长。听我的准没错。"

儿子有些泄气地说："要不吃完饭再练吧。"

爸爸瞪了小明一眼说："不行，练好再吃也不迟，做事情要一鼓作气。"

儿子拗不过老爸，退而求其次地说："那我再照着本子上写的念几遍吧，我多看看。"

爸爸摇摇头道："你这么看着念永远背不好，一定要合上本子凭记忆去说，而且到时候也可以灵活一点现场发挥嘛，我以前背那么多东西，比你经验多。"

儿子委屈地说："怎么我说什么都是错的，就没有一句是对的！"

妈妈端着菜要放到餐桌上，路过时听到小明说这句话，安慰道："小孩子要那么多想法干什么，听大人的就好，我们都活了半辈子了，经验在这呢。"

儿子反驳道："什么事都听你们的，我还是我吗？"

"你这么说可就不对了，儿子，你说我和你妈是为了谁，还不是为了你吗？你哪一次活动也好运动会也好，不是我们帮你教你？怎么这么没良心啊你？"爸爸插着腰没好气地讲着道理。

儿子终于泄气了，无力地说："知道你们都是为了我好，我听你们的。"

爸爸一听，眉头舒展开了，拍着儿子的肩膀说："嘿嘿儿子，这就对了！听我们的准没错，你有想法等以后长大了有的是机会去施展、去实践，到时候我们就不管了，先来吃饭吧，吃完再练。"

小明妥协的同时也幻想着将来的某一天，凡事可以自己拿主意，那一天一定很快乐，没有人一直反驳自己，就算摔倒也不会有人数落自己不听话。但他想不到的是，在他结婚后的某一个平常的日子，父母依旧喋喋不休地给他上着人生课，教他做事，而他依旧默不作声地站在旁边听着。

也许，这就是爱吧。

分析

真的是爱吗？

上文中的小明，从现实层面讲是幸福的，有关怀得无微不至的父母，愿意费尽心思帮助他、教导他，他应该感激父母；而在精神层面，小明又是孤独无助的，现实中的诸多做法都不是出自他的想法，他活在被家长不断否定和控制之中，这种矛盾会造成什么后果呢？一个沉默的、逆来顺受的、习惯说迎合别人话语的、不擅长思考而喜欢听取别人想法的小明，他不再是他自己，他活成了别人。

　　我想这一定不是任何一位家长希望看到的,但是家长们还是不自觉地用自己的经验之谈否定着孩子们的想法,因为孩子的想法在家长眼中是如此稚嫩、不实用。上文中小明在练习的主持稿,在爸爸妈妈眼里自然是漏洞百出的,每一点错误都立刻指出来让小明改正;就像小孩子咿呀学语时,很多读音都是不准确的,家长殷切地一个音一个音纠正。其实,这完全没有必要,因为小孩子有丰富的语言环境可以学习,听得多了自己就可以说准确,家长越是不断纠正,孩子越是不适和产生挫败感。对于小明也是同样的道理:他需要的是把主持流程和大概意思捋顺,掌握流程之后完全可以现场发挥,而不该局限在写下的主持词上,不然忘了词就不知道该说些什么。

　　父母是真的爱孩子,这是毋庸置疑的。但父母告诉孩子要怎么做、做什么,却偏偏忘了听听孩子想说什么。孩子渴望的是被接纳、被认可、被尊重,他需要对这个世界产生安全感。有安全感的孩子,才是幸福的孩子。真正的"为他好",是尊重他表达和选择的权利,替孩子做决定可不是搬出"比路长""比饭多"的经验。

　　亲子沟通,说到底,是一场修行。每位家长都是这条路上的修行者,初为父母也好,教子多年也好,在家庭交流方面都是路漫漫其修远兮,多注意一些说话及倾听的技巧,注意孩子的感受,用同理心去包容孩子、接纳孩子,家长和孩子的距离就会更近,很多小矛盾在亦师亦友的亲情面前更显得不堪一击,孩子的成长空间也能得到无限拓展。

对策

　　孩子讲话时父母不要急于打断,不要立刻反驳,孩子的每一句话都是他的想法和决定,如果差别不大,不妨采纳他的意见,他会很高兴自己的想法被采纳,以后有思考的机会也会乐于参与其中。有思想、有灵魂的孩子,独立能力会很强,这是培养孩子的好机会,抱着让孩子试错的心理,所能收获的一定远远大于损失。

　　如果孩子想法很离谱,家长可以引导孩子。基本上有逻辑的孩子都可以推导出一个决定是否靠谱,只是他们在产生想法时往往不去想后果。家长引导孩子养成习惯后,孩子就不会总是给出离谱的看法和建议了。而且,引导也比直接否定要委婉得多,避免随意打击孩子的自信心。

请家长鼓励孩子发表意见,听听孩子的想法,给他们做决定的机会就是给他们成长的机会。

第五章

学会学习——化被动为主动

在当今社会,孩子的学习越发重要,因为学习不仅仅是为了应付考试,更是为了让孩子通过学习来达到认识自我、沉淀自我、寻找自我的目的,能够在未来成为一个对社会有所贡献、对家庭有力支撑的人。

综观社会,大多数孩子还没有养成主动学习的意识,他们只是在家长、老师,甚至是同龄人的推动下硬着头皮学习。因为学习缺乏内在动力,所以很难在成绩方面有很大的提升。

第一节　学习积极性的养成

背景：父亲是医生，母亲是公司职员，女儿苗苗上小学三年级。

问题：孩子对学习兴趣不高，学习没有积极性。

苗苗妈妈接到老师电话的时候还在公司加班。听到老师通知她第二天来学校一趟，交流一下女儿最近的学习情况时，她有点意外，最近忙着公司的新项目，很少有时间顾及女儿。孩子父亲在医院也很忙，有时候周末都在做手术，所以最近一段时间，女儿都在奶奶家住。

下班回到家发现丈夫还没有回家，大概又有手术吧。

第二天早上，她向公司请了假，便去女儿学校了。

到学校的时候女儿已经上课了，她直接到老师办公室找到了老师。老师请她坐下后说道："苗苗同学最近一段时间学习积极性很差，上课从来不举手，也不主动回答老师的问题，同学们的小组活动她也不参加讨论。不知道在家里怎么样？"

苗苗妈妈有点意外，女儿一直在学习方面表现得很积极，从前别的小朋友哭着不想去幼儿园的时候，她女儿每天都起得早早地准备去幼儿园。上了小学后，成绩也还不错，每天晚上回家之后总是会第一时间写作业，作业多的时候连饭都顾不上吃。

老师见苗苗妈妈没有回答又问道："是家里出什么事情了吗？"

"没有，没有。最近我和孩子父亲都很忙，孩子最近一段时间都在奶奶家里住，对孩子在家里的学习情况我还不是很清楚，实在是抱歉。"她回答道。

老师一听她的回答便皱着眉头说道："你们家长的工作忙我能理解，但是孩子现在正是良好学习习惯养成的关键时刻，也是为将来的学习打好基础的重要阶段，你们做家长的，一定要多关注孩子的学习状况，千万不能掉以轻心。"

苗苗妈妈连声称是，表示此前是自己疏忽了，以后一定时时关注孩子的学习状况。随后又跟老师仔细询问了孩子在学校的情况后才回去。

路过女儿班级的时候,她透过窗户看见女儿乖乖坐在位置上。老师问谁想回答这个问题时,大多数小朋友都举手了,苗苗还是一言不发地坐着。

从学校回去之后妈妈径直去了苗苗奶奶家了解情况。

这一去才知道,女儿现在每天回到家里不急着做作业,而是先吃东西,玩一会儿玩具,再看一会儿电视,磨磨蹭蹭到很晚才做作业。因此经常晚上9点多了还在写作业。这样的话,也难怪孩子上课注意力不集中,思维跟不上了,学习感到吃力,也不回答问题,自然学习积极性也就下去了。

老人不知道孩子在学校的情况,只知道孩子吃的也好,作业也没落下。想到这里苗苗妈妈心里警铃大作,意识到幸亏班主任给她打了电话,要不然孩子这样下去肯定会陷入恶性循环,成绩也会一落千丈。

但是,如何调动孩子的学习积极性呢?妈妈有点犯难了。

分析

孩子学习积极性不高,把学习当成一项任务,只是简单地去执行,而不是当成获得知识的途径或者自己真正热爱的事情,这样的学习过程很痛苦,且没有效率。那么,为什么孩子会对学习没有积极性呢?

首先,孩子没有养成良好的学习习惯。不良的学习习惯对孩子当下的成绩及以后的继续学习都会造成较大的影响。如上述故事中苗苗自从养成放学回家玩到很晚才做作业的习惯后,导致晚上睡眠不足,休息不好,白天上课注意力不集中,对学习渐渐失去了兴趣,学习积极性也逐渐下降。

其次,孩子意志力薄弱。孩子在这个阶段,天性好奇,注意力很容易被别的东西吸引,再加上孩子本身就意志力薄弱,更加容易被玩具、电视等娱乐项目吸引,从而忽略学习,渐渐地就会降低学习的积极主动性。

除此之外,不良的家庭教育和环境也会影响孩子对学习的积极性。家庭成员特别是父母对子女的教育方式,家庭学习环境和氛围等都在不同程度影响着孩子的学习积极性。如有的家长长期在外忙碌、对孩子采取放任态度,导致孩子忽略学习的重要性,进一步影响了孩子对学习的积极性。

最后,从本质上来讲,应试教育也是造成孩子学习积极性不高的一个原因。众所周知，应试教育是一种片面追求升学率的淘汰式教育。其缺点在于教育对象面向少数学生而忽略多数学生，且其内容过于重视智育，也就是学习成绩，违背了青少年成长规律和学习规律。再加上巨大的升学压力，更是严重地阻碍了孩子学习兴趣的培养，束缚和压抑了孩子的学习积极性。

还有一点值得注意的是，老师上课方式和课堂氛围也是影响孩子学习积极性的一个重要原因。有的孩子一开始对学习有着强烈的兴趣，学习积极主动，可是时间长了就产生了厌学情绪，学习成绩直线下降。事实上，有很大一部分孩子的学习积极性就是被我们的学校和老师扼杀的，原因在于有的老师一味追求学习成绩，不顾孩子的身心健康和兴趣发展。

以上种种，使得孩子们对学习的兴趣、热情、积极性等一点点地消失殆尽。

对策

针对以上原因和问题，我们提出以下几个方法来培养孩子对学习的积极性。

第一，从孩子的需要入手，让孩子明确学习目的。众所周知，人们从事各种活动的目的是在需要的基础上产生的，而活动的动机也是基于需要产生的。换句话说，活动动机是需要的具体表现形式，也是推动人们进行活动的主要内部动力。同理，要调动孩子学习的积极性，父母必须从孩子的需要入手，想尽办法用简练易懂的语言说明所学知识与他们未来的生活和发展的息息相关，让孩子能清楚地认识到学习对自己的重要性，从而产生对学习的需要，也就明确了孩子的学习目标，自然而然也就推动孩子自觉、主动地为获得知识、发展能力等目标而积极学习。

第二，培养孩子的学习兴趣和求知欲望。不可否认，兴趣是孩子进行学习的根本动力，能够直接影响孩子的学习积极性。俗话说，兴趣是最好的老师。

第三，培养一种良好的学习习惯。对孩子来说，良好的学习习惯能够达到事半功倍的效果。值得注意的是，良好的学习习惯的养成需要长时间的坚持，父母应该做到实时的监督和交流，与孩子沟通，帮助孩子养成科学的、合理的习惯。久而久之，这种在学习上的良好习惯就会形成，就算父母不在一旁督促，孩子也会自觉、主动、积极地进行学习。

第四，帮助孩子获得成就感。要调动孩子的学习积极性，重要的是帮助孩子获得学习成就感。当孩子在学习上不断获得成功的时候，他就会感到快乐，也会更爱学习。实践证明：轻松愉快的学习，能充分调动和发挥孩子的学习积极性和潜能，从而增强记忆效果，提高学习效率；反之，呆板、枯燥、紧张的学习，只能抑制思维活动，降低学习效率。

第五，适当地鼓励孩子。在孩子学习遇到困难时除了帮助孩子解决问题之外，更要适当地鼓励孩子，让孩子自己克服困难，父母只是起到一个引导的作用。这种鼓励包括言语鼓励、物质奖励等，如此能够帮助孩子增强学习的信心和积极性。

第六，要及时和学校老师进行沟通交流，如果孩子上课积极性不高，要了解清楚是否是授课方式不当或者课堂氛围不活跃等问题降低了孩子的学习积极性，并及时和授课老师以及班主任沟通交流。只有提出问题，才能解决问题。

第二节　学习主动性的塑造

故事

背景：父亲是公司总经理，母亲是自由职业者，孩子陈北杨上初一。

问题：孩子学习主动性极差，每次做作业要靠父母督促，多次劝说直到父母作势要生气才会去做作业。在学校也从来不会主动预习要学习的内容，上课听不懂也不会主动请教老师和同学，学习成绩越来越差不说，还动不动发脾气，甚至和父母顶嘴。

陈北杨今年 12 岁半，读初一。

今晚对陈北杨来说注定又是个不眠之夜，因为他和母亲又大吵了一架，气得母亲差点动手。幸亏父亲及时拉住了，要不然他又免不了受这一顿皮肉之苦。他向父亲投去一个感激的眼神之后赶忙溜回了自己的房间。

他们母子吵架的原因很简单：他回家想玩一下游戏，母亲老是逼着他写作业，逼着他去学习，这让他感到很烦，然后就跟母亲吵了起来。

陈北杨的成绩在班上保持中等，而且都是他母亲的功劳。陈母是个自由职业者，除了工作之外她所有的精力都花在了督促儿子学习上。陈北杨很聪明，就是学习主动性太差。家里经常会为逼儿子去学习而发生争吵，当然每次都会弄得双方很不愉快。陈母最近意识到：这样的行为不仅仅影响孩子的学习，也影响了他们母子之间的关系，搞得家庭内气氛不和谐。

想起儿子现在的情况，陈母很担心，经常担心到失眠，可是打也打了，骂也骂了，就是不起作用。陈北杨从不主动学习，在学校，老师布置的作业总是草草了事，也从不认真思考。上课之前从不预习课堂内容，上课时也不主动和老师交流，下课更不会主动翻书，干什么总是抱着完成任务的态度。在家里，心里想的永远是电视和电脑游戏。一看电视，或者打起游戏来就没完没了，父母不强迫他停止，他从来不会主动放下电视和游戏，学习全靠强迫。

而且，陈母最近发现，孩子对她的督促已经产生了依赖性。不但学习上需要她的督促和逼迫，就是其他的小事情，比如要求儿子帮忙拿个东西或者什么的，都需要再三强调，直到最后一刻他才会起身去做。这让陈母很苦恼。

陈母和丈夫商量再三，准备采取怀柔政策。她想着既然儿子丝毫不害怕她态度强硬甚至会因此产生逆反心理。那么他们准备换一种方式，对儿子晓之以理动之以情，让他认识到学习是自己的事情。

陈母准备好说辞，并且有丈夫在旁提醒她千万不要发脾气，便去儿子的房间找他谈话了。这一进去才发现儿子竟然又在玩游戏，并且声称学习很简单，目前阶段是开发智力的重要阶段，而不是需要自己花费大量的时间在学习上面的时候。

这一段言论把夫妻二人气得对着儿子就是一段"男女混合双打"，最后以没收了儿子的玩具和游戏并缩短了他的看电视时间而收场。

但根本问题依然没有解决，儿子依然没有意识到要主动去学习这件事，这让他们很郁闷，准备过几天去咨询一下育儿专家。

分析

上述故事中的主人公陈北杨聪明机灵，就是学习主动性很差。经常和父母因为督促他学习的事情发生矛盾。由此可见，学习主动性差，不但学习成绩不好，也会对孩子各方面的发展以及孩子和父母之间的关系、家庭和谐等各个方面产生不利的影响。

从上面的案例中我们可以发现，孩子学习主动性不高常见的情况有：对学习不感兴趣，不愿意学习，逃避学习等。而父母对孩子的督促和教导会使得孩子产生逆反心理，故意和父母对着干，更不会去主动学习。那么大家就会好奇，孩子为什么不愿意主动去学习呢？一般有以下几个原因。

首先，孩子对学习的兴趣不高。一方面，知识的学习和获得过程往往是枯燥甚至无聊的，这对这个阶段的青少年来说根本没有任何吸引力，他们天性好奇，喜欢探索，所以不愿意做作业，甚至坐着上课对他们来说都很无聊。就像上述故事中的陈北杨一样，认为学习很无聊，不感兴趣，自然也就不愿意主动去学习。另一方面，不主动学习，成绩一直上不去，孩子就会对学习失去信心和兴趣，从而丧失学习主动性，甚至会借助打游戏等方式来逃避自己的内心和学习上的无助,心理学上把这种现象称为习得性无助。

其次,学习缺乏内在动力。这个阶段的孩子,刚刚进入初中,对于学习的价值、学习对个人成长的价值等方面的认识还不够充分,不知道自己为什么要学习,仅仅把学习看作一项自己不愿意但又必须完成的任务,缺乏学习的内在动力。换句话说,如果学习没有动力,那么孩子肯定不愿意主动去学习。

再次,学习目标不明确。研究发现,对于大多数成绩一般或者较差的学生来说,学习都是毫无目标的。简单来说,这部分学生,想学就学,不想学就不学,这对孩子们的成长是十分不利的。对孩子们来说,学习目标既是学习的出发点,也是学习的归宿,更是持续学习的动力。学习目标越明确、越契合孩子自身的实际情况,其学习就越能取得成效。相反,学习目标越不明确,学习就越没有动力和激情,学习效果也就越差,长此以往就会渐渐对学习失去主动性。

最后,父母督促方式不当。由于孩子学习缺乏主动性,没有自觉主动学习的意识,父母便会经常督促孩子。如果父母态度强硬的话,孩子就会产生反抗情绪,也会渐渐产生逆反心理,跟父母对着干,越来越不愿意主动学习。再加上因为孩子不主动学习,父母对孩子的评价都不是正面的,这会更加消磨孩子学习的主动性。

对策

主动性是深藏于人性之中的第一灵动。孩子的主动性,是孩子内在的自由,是一种对外界环境积极的回应。根据以上原因,有以下策略可用来塑造并提高孩子学习的主动性。

首先,家长可以多了解孩子的兴趣爱好。从孩子的兴趣出发,是改变孩子的一个很好的突破口。比如,上述故事中,孩子喜欢看电视和玩电脑游戏,那么家长就可以先认同孩子的做法,因为,每个人都有惰性,看电视是一种消遣,可以理解。可以试着去讲孩子爱听的、他们感兴趣的事情。比如跟孩子聊一聊关于电脑游戏的事情,让孩子了解到父母是关注他的,包括他的兴趣和特长等各个方面。从这方面出发再谈及学习,可以培养孩子对学习的兴趣。

其次，与孩子进行思想交流，帮助孩子明确自己的学习目标，增强孩子学习的内在动力。初中生开始有自己的想法，和孩子进行思想交流能够帮助父母了解孩子的想法。如果父母能够抓住孩子的心理活动，耐心细致地进行教育开导，帮助他们树立远大的理想，指明前进的方向，制订近期的奋斗目标，往往会让孩子明白自己的角色和任务，更能帮助他们主动进行学习。

再次，要善于发掘孩子的潜能，并加以鼓励。学习缺乏主动性与孩子对自己的错误认识有关，有的孩子认为自己基础较差，再怎么努力也好不到哪里去。其实，就是这种错误认识让很多孩子在学习面前提不起兴趣，被动而学，往往越学越差。父母要帮助孩子，让他们认识到自己在学习上的潜能，只要通过自己的努力就能取得好的成绩。也就是说，要注重赏识教育，善于发现孩子身上细小的优点，然后经过放大，多鼓励表扬他们。对于他们取得的进步，更应当适时地表扬，让他们知道自己的努力换来的是成功，这样有利于调动孩子学习的主动性。

最后，在平时的生活中，正确引导孩子了解学习的目的和意义。学习的内涵是非常广泛的。父母在引导孩子时，可以告诉孩子，学习对一个人的成长和发展意义重大。只有通过学习才能认识自我，进而发展自我。要给予孩子一个正确的引导，不能只是单纯地告诉孩子："现在一定要好好学习，以后才能考上大学，然后才能找个好工作，才能出人头地。"这是一种相对功利的说法，孩子可能会听不进去。

第三节 及时消化所学知识

 故事

背景：父亲是公司职员，母亲是银行职员，李林上小学四年级。

问题：在学习方面，孩子表示自己上课都听懂了，成绩却上不去，这是为什么呢？

期中考试结束了，李林的父母却陷入了焦虑状态。因为现在已经四年级的李林虽然学习认真，上课也注意力集中，但就是学习成绩一直上不去。

这天他们商量过后决定帮孩子在外面报个补习班。因为在家里，夫妻二人水平有限，只能做到帮孩子辅导作业，其他的也帮不上什么忙。

千挑万选之后，他们选择了一家离家比较近又口碑较好的培训机构。跟孩子沟通过后，孩子也表示愿意去上补习班。这让夫妻二人心里宽慰了不少。

接下来的日子，孩子每天下午放学或者周末的时候就会去补习班，也着实辛苦。但为了提高学习成绩，一切的辛苦都是值得的。

补习班的主要任务是帮助孩子辅导作业、预习功课等。大概去了一周正赶上孩子学校月考，夫妻信心满满地想这下孩子的成绩应该有所提高了。可不料，成绩出来后的那天中午，李林哭丧着脸回家了，他很委屈地对父母说道："爸爸妈妈，我真的上课认真听讲了啊，而且老师布置的作业我也认真完成了。"他们不忍心再责怪孩子，只能安慰他道："就是一次月考吗，成绩不重要，只要你认真学习了就好。"

可是李林父母心理压力也是极大的，毕竟升学压力越来越大了。虽然他们也想不要过分看重成绩，但是在应试教育的背景下，学习成绩真的很重要，而且周围所有的孩子和家长以及老师都在为了提高学习成绩而绞尽脑汁。

这不，夫妻二人又准备给儿子换一个补习班，这个补习班的特色是因材施教，对每一名孩子都会制订适合自己的学习方法和学习目标，分阶段逐步地提高成绩。

孩子上了一周课后，夫妻去找老师了解情况。辅导班的老师说，据他们观

察，李林这孩子学习刻苦，态度认真，就是学习完新的知识后不懂得主动去吸收强化并运用，只是记住了知识点，但没有消化应用。一语点醒梦中人，夫妻二人这才知道孩子问题出在何处，和老师商量着在孩子的学习策略上做出调整。

从上述故事中我们可以看到，其实，听懂和学会的区别很大。孩子们在平时做作业或者是考试的时候，经常会遇到这样的情形：有一些知识点明明课堂上已经听懂了，但是到了真正脱离课本做题的时候，又不知道该怎么做了，或者明明会做题了，但考试的时候一出新题就又不会了。从本质上来讲，这还是基础知识点掌握不牢，再加上对知识没有做到及时消化和灵活运用造成的。我们都知道，在学习上最讲究举一反三，而能够举一反三的基础就是及时消化课堂所学知识。

之所以这个基础没有掌握好，还是当天学到的知识表面上全都学会了，其实没有得到很好的消化，而知识点没有完全消化的表现在以下几点。

第一，上课听懂了老师所教的内容，写作业的时候，写着写着就不知道该怎么做了，要么是不知道用什么公式，要么就是不知道用什么方法。

第二，做题的时候，总是需要不时地看教材，看一眼做几个题，离开了教材，就会犹豫不决，不敢落笔，怕做错题。

第三，感觉自己对于知识点的记忆持续时间特别短，随着第二天新知识的学习，就会把前一天学到的内容忘掉。

第四，平时在家长的辅助和教材的帮助下能够很好地完成作业，但一到考试的时候题目稍微一变化就不会做了，也做不到举一反三和触类旁通。

综上所述，对各个阶段的孩子来说，对知识的及时消化是掌握所学知识点或者说提高成绩的重要手段。但是由于孩子升学压力大，作业多，再加上外面的补习班甚至是兴趣班等大量占用了孩子的时间和精力，孩子们只能被动地去接受这些知识，却没有时间详细思考并消化这些知识。在孩子们的学习过程中，如果做不到消化所学，那就谈不上积累知识，久而久之，学习成绩也就提不上去了，家长和孩子又会陷入焦虑，无奈之下只能选择报更多的补习班来提高孩子的学习成绩，又大量占用了孩子的时间。长此以往，渐渐形成了恶性循环。这样一来不但打击了孩子的学习信心，磨损了孩子的学习热情，更不利于孩子的身心健康，自然而然，学习成绩也就得不到提高了。

对策

如何帮助孩子消化课堂知识成了父母的首要难题，在此提出以下几点建议。

第一，当天学到的知识一定要当天复习。时间拖得越久，知识的消化难度越大。因为根据遗忘规律，人们在学到新知识20分钟后，遗忘率为42%，一天后遗忘率是66%，等到一个月后遗忘率是79%。所以，当天所学的知识一定要及时复习、完全掌握，不能拖延。相反，如果不能掌握，时间越长、堆积的知识点就越多，消化并掌握的难度就越来越大，慢慢地，成绩也就滑落下来了。

第二，复习一定要讲究方法得当。例如，让孩子尝试独立地回忆上课时老师所讲内容，逼着孩子开动脑筋；回忆过后再将教科书仔仔细细看一遍，发现自己记忆偏差的地方并做标记，以方便重点学习；通过整理笔记把自己记忆中次序混乱的知识点重新罗列，或者是将自己容易忘记的或很难理解的知识点整理出来，不但能起到二次记忆的作用，还方便时常翻看；最后要选择合适的参考书。不同的参考书对知识点的讲解有所不同，父母要帮助孩子选择更合适孩子理解的参考书。要知道，好的参考书也会有更多精彩的解题思路和记忆方法，对于强化、理解并消化知识点起着重要的作用。

第三，确保在基本掌握了当天所学的知识点后再开始做作业，以起到进一步强化、加深理解的作用。很多孩子在写作业的过程中总是过度依赖翻课本、查参考书，这样不仅不利于知识点的掌握，而且等到真正考试的时候，没有了课本、参考书，就会不知所措。所以，一定要将当天的功课完全掌握后再写作业，这样不仅有利于考查自己的薄弱环节在哪里，还能起到知识点再巩固的作用。

如果能把当天所学的知识当天消化掉，通过慢慢积累，孩子的学习成绩一定会上一个新台阶。

第四节　激发孩子的学习动力

背景：父亲自主创业，母亲是家庭主妇，孩子汪潮上初一。

问题：孩子学习缺乏内在动力，总是对学习提不起兴趣，把学习当成了一项任务，每次做作业都是应付了事。孩子学习动力不足，学习缺乏激情，学习成绩下降。

汪潮今年刚上中学，他在小学的时候成绩一直很好，曾经一度成为家长口中"别人家的孩子"，被同龄人当作榜样。

但是，自从进了中学之后，汪潮父母发现汪潮的学习动力不足了。每天做作业只是为了交差和应付，成绩也大不如前。这对父母和孩子来说，都有着极大的心理落差。

看着孩子在学习上的力不从心，夫妻二人也很苦恼。跟汪潮一番交谈过后，汪潮说道："我没有想到初中的学习和小学时候不一样，现在觉得枯燥无聊，而且学习压力变大了。"总之一句话，孩子觉得学习没劲，无聊。

鉴于这种情况，汪潮父母又尝试了很多方法，诱导孩子去学习，发现效果只是暂时的，时间一长，孩子还是敷衍了事。从长远的学习来看，效果微乎其微。

照这种情况下去，父母担心孩子的学习成绩是不是没指望了？

没过多久，汪潮班主任打电话叫孩子母亲去学校面谈。去了之后老师说据她的观察，汪潮同学不但学习没有动力，就是班上搞活动他也不是很愿意参加，整个人无精打采的。希望家长多多注意孩子在家里的表现和学习情况，了解到问题究竟出在哪里，才能改变现状，找出解决办法。

这天汪潮回到家后依然像以前一样第一时间做完了作业，只是他以前做作业的时候态度认真，现在只不过是当作一项他不得不完成的任务。汪潮母亲看见儿子坐在书桌前若有所思的样子，便上前询问道："儿子，你在思考啥呢？"汪潮回过头来一脸稚嫩地说道："妈妈，我在想，人为什么要上学呢？我为什么必须要学习呢?难道学习不好,我将来就真的会成为一个对社会没有用、对家庭没有贡献的人了吗?"

汪潮母亲听着孩子天真的话语若有所思,原来儿子学习没有动力是因为不知道自己为什么学习,也不知道学习的价值和意义啊!知道了问题所在,就能解决问题了。于是她答应儿子,等爸爸回家后要开个家庭会议来专门探讨儿子的这些疑惑,并鼓励儿子到时候一定要积极发言说出自己的观点。

孩子学习没有动力、学习不专注的原因很多,但是真正不想学习的孩子其实是占少数的,大多数孩子内心都是愿意学习的。然而,由于各种主观和客观的原因使得孩子学习动力不足,学习成绩难以提高甚至是下降。那么,到底是什么原因导致孩子学习动力不足呢?

首先,学习需求不足。在社会中,因为有需求,才产生了一系列活动来满足需求,因此,需求是人们进行活动的根本动机,也是人们进行活动的内在动力。孩子不了解学习的价值和意义所在,对学习没有清晰的认识,自然也就难以产生对学习的需求。一旦没有学习的需求,自然也就谈不上学习动力了。就像故事中的汪潮,他因为不知道自己为什么要学习,而对学习提不起兴趣,成绩逐渐下降,久而久之,更是丧失了学习的动力。

其次,学习目标不明。没有明确的学习目标,孩子对学习没有规划,只能是且学且过的态度。而且这类孩子也不知道自己每天学习的目的是什么,没有可以达到的目标,只是把学习当成一项任务,对学习没有热情,甚至以为自己是为父母、为老师而学。对自己将来的发展没有思路和方向,甚至不知道自己从这个学校毕业后又会去哪里,只是随着大流,任由父母、老师逼着自己前进,身心疲累,思想迷茫,对学习更是毫无兴趣和动力。

再次,忽视自身潜能。有的孩子对学习的态度是"不是我不想学,而是我看不到希望"。这类孩子由于学习方法不当或者其他原因导致成绩不好,渐渐地在学习上看不到希望,虽然每天都会认真听讲,也会按时完成作业,但是心理压力巨大，时刻处于放弃边缘。在这种情况下，孩子对自己的能力评价往往不太客观，会因为一两次失败就全盘否定自己的能力，再加上抗挫能力又弱，便对自己失去了信心，也就不愿意主动学习了。

最后，对学习没有兴趣。我们都知道兴趣是最好的老师，因此兴趣对孩子学习的重要性不言而喻。如果没有兴趣，学习知识变成一项枯燥无聊的必要性活动，孩子很难产生主动参与的热情和动力。

对策

家庭类型多种多样，孩子的发展也是各有不同，不能"一刀切"。家长不能以孩子能否考入重点学校作为评判孩子的唯一标准，而是应该多花精力激发孩子的内在学习动力。

第一，帮助孩子正确认识学习的价值和意义。孩子因为不知道为何学习而迷茫，甚至踌躇不前。这时候父母要帮助孩子认识到学习并非只是一项任务，而是自我发现、自我认识，以及自我完善与自我发展的一种途径，使得孩子对学习这项活动产生内在需要，自然而然就会产生一种内在动力，这种因为内在需要而产生的动力往往十分强大，经久不衰。

第二，帮助孩子树立明确的学习目标。古语云："凡事预则立，不预则废。"意思是，做任何事情，事前谋虑准备就可以成功，事前没有准备就很难成功。学习也是一样的，如果孩子对自己的学习做了详细的规划，并且有着明确的目标，那么孩子就会因为要完成目标而自主学习，也会因为小目标的完成而产生成就感，这样就会有源源不断的动力来完成下一个目标，于是学习对他们来说就会充满激情，这不但能激起孩子的学习兴趣，也增强了孩子的学习动力。

第三，对孩子的期望合理。家长要把对孩子的期望值设置在合理的范围，既不要期望太高以致短期之内很难完成而产生挫败感，继而丧失对学习的信心，又要确保这个目标孩子努力一下就能碰到。这样有助于鼓励孩子，增强孩子对学习的信心。

第四，承认差异，发现孩子的潜力所在。世界上没有完全相同的两片树叶，自然也没有完全相同的两个人了。做父母的要承认自己的孩子与其他孩子的差异，还要发现自己孩子的特点和长处，不可因为盲目攀比成绩而抹杀孩子的兴趣和特长。要根据自己孩子的特点和潜力来规划孩子未来的发展道路。

第六章

积极交友——独立社交的正确开启

朋友，是不一定合情合理，但一定知心知意的。在孩子眼中，他喜欢的，相处舒服的都算朋友。然而，家长往往另有想法：对孩子的交友标准有质疑，对孩子的交际环境不放心，对孩子处理矛盾的能力低估，始终做不到坦然放手，让孩子独立社交。

本章节讲述的是家长面对孩子的社交问题时容易产生的几种错误逻辑和做法，通过分析得失来阐明孩子的真正需求——被理解和支持，仅此足矣。

第一节 孩子相处少介入

故事

背景：妈妈钱女士是超市导购员，儿子浩浩7岁，上小学二年级。

问题：妈妈总插手孩子和同学相处的事，孩子感觉很不舒服。

一进门，浩浩就开心地扑到沙发上："噢，我们班要去春游啦，太好啦！"

"瞧你这孩子，先去洗洗手。"钱女士放下孩子的书包笑着说道。

"知道啦妈妈，我这就去。"孩子一边起身去洗手一边说，"对了妈妈，待会帮我装吃的，你多装上几个苹果呗。"

"就明天中午在外面吃饭带那么多苹果干吗？给你放一个不够吗？"妈妈疑惑地问道。

"我想给小胖和阿达他们带几个，一起吃，嘿嘿嘿嘿。"浩浩笑着说。

妈妈翻了个白眼："你带够了自己吃的就行，人家肯定都带好吃的了，你管他们干吗？"

"小胖上次也把他的糖分给我吃了，我也应该和他一起吃好吃的啊。妈妈你昨天刚买了一袋苹果我都看见啦，让我带几个吧，好不好吗？"儿子洗完手回到客厅和妈妈继续争取着。

"嘿，我花钱买的苹果你倒是出手大方，等你工作赚钱了愿意送什么我都不管。再说了带什么带，怪沉的，明天你们还要爬山，上午走路背着你不嫌沉啊，不许带！"孩子不情愿地拖着长音："妈妈……"

"我一会儿给你准备好一个苹果，你要是想分出去自己就没得吃，妈妈可不管，别玩了，赶紧来吃饭。"浩浩不情愿地坐上餐椅，撅着嘴也不想再说话。

妈妈又去厨房端了汤回到餐桌，正好看到浩浩脖子侧面隐约有道红线像是划伤了，"哎儿子，你脖子让谁挠了，打架啦？让妈妈看看！这谁挠的？你怎么不和妈妈说啊，你这傻孩子。"妈妈一连串地发问，又捧着儿子的脸左转右转，看其他地方有没有伤。

"妈妈，我没事，玩的时候弄的，我和阿达一起玩来着。"儿子不情愿地想把脑袋从妈妈手里挣脱出来,"肯定是打架了,你这脖子上挠得这么厉害,不是打架了那也是故意的。你这孩子吃了亏怎么也不知道说,还好我看见了,不行,我得给你老师打电话,看他知不知道这回事!"

儿子看着妈妈要打电话告诉老师,急得皱着眉头说:"哎呀妈妈,真是玩闹,我们玩闹的时候弄的,和老师说干吗呀?你问了他也不知道。"

"浩浩,咱们不欺负别人,但也不能被别的孩子欺负。你放心,我先问问老师,看看是不是有人欺负你。"妈妈边说着边拨打班主任的电话号码,却没注意到孩子围着自己急得团团转,希望妈妈不要打电话给班主任,不然第二天别的同学说不定会笑话他:浩浩是小气鬼,爱打小报告,不小心划了一下还这么夸张……他的朋友们肯定不愿意再和他玩了,肯定会笑话他的。

"妈妈,你能不能不要什么事都问啊!这是我们小孩之间的事,不要你管!"浩浩终于忍不住大声喊了出来,然后委屈地哭了。

钱女士看着忽然哭喊起来的浩浩有些懵,挂掉正在接通的电话,和儿子说:"浩浩,我这不是关心你吗,怎么你还不乐意了?我是你妈妈,能不管你吗?"

"就不用你管!就不用你管!我们都是好朋友,没你们大人这么坏!"说完浩浩就跑回房间去了。

只剩下钱女士在桌前拿着电话,一头雾水。

分析

孩子作为尚未成熟的个体,缺乏足够的自理能力和生活经验,也不会在没有辅助的情况下自学成才,所以需要家长引导和帮助。但随着孩子年龄的逐渐增长,家长应该逐渐放手,给孩子锻炼的机会。可问题就在于家长习惯于控制孩子的行动来完成自己觉得正确的事,一如既往地管制到底,却忽略了给孩子机会去完善思考系统和独立行为能力。

在孩子开始接触社会,准确地说是开始与除父母家人之外的人接触时,正是孩子学着自理自立、自我判断的黄金时期,在持续学习成长期间,和孩子距离最近、相处最久的社交群体就是孩子的小伙伴们、同学们。在孩子上学后,很大一部分时间都是与同伴相处的。

孩子面对朋友时的每一种想法、每一个举动、每一次决定，都是孩子在经受的考验。如果是正确的选择，就会有正确积极的结果，孩子就会得出相应的结论填充自身经验，这一过程称为"实践"。

像上文中，浩浩想给别的小朋友带苹果，这件事与他利益不相干，而且一个孩子也考虑不到这样做是否损害了自己的利益，浩浩只是觉得别的小伙伴吃了他带的苹果会喜欢他，为此他甚至愿意"背着额外的重量爬山"来完成自己的目标，这正是孩子领导力的雏形体现。包括孩子的分享心理、宽容心、同理心、思考能力、组织能力等，几乎所有孩子的性格养成和逻辑能力都会在社交状态下得到磨砺，孩子们互相之间学习相处、自我判断和思考，用行动得出的结论肯定比父母的"判定"更生动、更有意义。

再来分析浩浩身上玩闹的伤痕，说到底是被同学划伤的，但家长的反应和做法都不值得提倡。因为在帮孩子讨公道的同时，家长并没有考虑孩子的感受，一心追求的公道和孩子的想法孰轻孰重是说不准的，但孩子坚持不让家长联系老师说明了孩子的意愿，那么这个问题只有同意和反对这两个选择：当家长同意孩子的想法，决定不打电话给老师时，算是维护了浩浩小小的自尊心，也维护了孩子之间的友谊，不会因为并不严重的一点划伤而让浩浩与伙伴们有隔阂；反之，询问老师并没有任何用处，老师多半不会注意到孩子的玩闹，浩浩自己也没有觉得多么受伤，也许他已经解决或原谅了某个小伙伴，此时家长再认真地探求真相，难道是为了让浩浩尴尬地接受第二次道歉吗？

其实，孩子在和其他小朋友交往的时候是非常单纯的，但总会因为不够成熟的言行、想法产生误会或者生出事端，如果家长习惯性地介入孩子们相处的空间去左右孩子，仍然把孩子当作一两岁的小宝宝去照顾，那么就不能再希冀孩子可以如家长所愿，健康地成长、成熟了。

对策

不要用成年人的眼光指导孩子的人际交往。成年人的思想太成熟，目的性太强，把个人的主观意愿加在孩子身上，家长的想法得到了落实，孩子的呢？所以，家长可以引导孩子，但不能替孩子分辨，替孩子做决定。给孩子做自己的机会，自行分辨好坏对错，实践自己的想法，只要不是危害健康或不利于成长的想法，都可以鼓励孩子去尝试。

家长要有意识地克服心理断乳期。就像断奶一样，当孩子们踏出父母呵护的小圈子时，能慢慢地学习思考和判断；而家长也要适度放手，别太担心孩子，要对孩子有信心，良好的人际关系始终要靠孩子自己去维系，不介入孩子的正常交往才是锻炼孩子最有效的方式。

第二节　理智旁观，适度保护

故事

背景：刘女士是一位全职妈妈，她的女儿甜甜3岁了，刚上幼儿园。

问题：家长错误的做法放大了孩子间的小矛盾。

今天是刘女士陪甜甜来幼儿园的第3天了，看到孩子适应得很快，在陌生的环境也不怎么怕，刘女士非常欣慰。

很快到了上午11点，孩子们都在老师的带领下来活动室玩玩具，而甜甜已经对活动室很熟悉了，看到昨天玩过的玩具还在角落里躺着，嗖嗖地跑了过去，动作很是迅速。

因为教室里的孩子多了起来，摆放着可供选择的玩具也越来越少了，有个刚会走路的小男孩就盯上了甜甜手里的玩具。只见小男孩紧盯着玩具完全没看甜甜，走过来抓着玩具身子一扭就把甜甜挤到一边去了。

甜甜也是第一次碰到这种事情，因为平时在家里，没人和她抢过玩具，她想玩哪个就玩哪个，玩够了就原地一扔，走人。忽然间玩具被抢，甜甜在原地愣了好几秒没动作。之后明白了男孩的来意，于是非常气愤地皱起眉头，嘟着嘴巴吼叫起来，刺耳声响回荡在整个教室，刘女士和男孩的妈妈也都注意到这边的情况。

男孩正摆弄到手的玩具，旁边的吼叫声吓了他一跳，看着凶巴巴的甜甜，男孩一声不吭地放下玩具就跑开了，看来是被吼叫声震住了。甜甜看到玩具被放下，立马停止吼叫，拿起玩具就玩起来。刘女士看到女儿不闹了也就没当回事，可男孩的妈妈却拉着走开的男孩嚷嚷起来："这谁家孩子这么霸道啊，欺负我家孩子，吓到我孩子怎么办！"

刘女士听了顿时来了气，不甘示弱地回击道："你没长眼啊！你家孩子先过来抢玩具的好不好，不抢我家孩子玩的玩具她能喊吗？这么小的孩子就会动手抢，像强盗似的，一点儿礼貌都没有，孩子没教养就是家长教得不好！"

男孩妈妈拉着孩子用更大的分贝喊道："你说什么？抢你家孩子玩具？这

里的玩具都是公用的，哪个玩具上面写名字了？明明就是你家孩子霸道，挤兑我家孩子！"

就在此起彼伏的争吵声中，已经恢复正常的甜甜和小男孩都吓得大哭起来。幼儿园老师赶紧过来控制局面，看着两边家长绞尽脑汁地用言语攻击着对方，吵得面红耳赤，不可开交，来调解的老师只觉得头皮发麻，拦在两位家长中间也不知道该如何是好……

分析

先从孩子的逻辑角度看看争斗出现的原因。

当孩子看到自己的物品或游戏场地被"侵犯"时，会出于本能地动手争夺。

孩子不懂得如何表达情绪，有时会因为小小的误会，发生咬人、打人、抓人的事件。

孩子间玩耍不知轻重，看上去像打架或者孩子因为吃痛哭起来。

可以说，都是无足轻重且容易触发的因素引起了孩子间的矛盾，所以孩子们在互相接触的交往过程中，产生矛盾是极为正常的一件事。如果双方家长在面对孩子间的矛盾时过于主动地出面解决，反而会因为家长情绪管理不善而演化成双方冲突。像上文中两个孩子只是因为争抢一件玩具产生了小矛盾，却因为家长介入变成了双方家长的唇枪舌剑，所以矛盾的根源在孩子，结果却完全在于家长。

在上文所述情况中家长一般会采取两种错误做法，一种是过分忍让，一种是过分强势。前者是指父母过于担心自己的孩子伤害别人、欺负别人，所以孩子一旦和其他孩子有发生矛盾的苗头，父母就去干涉，批评自家孩子，甚至是别家孩子有错在先也碍于情面教训自己的孩子，这样会给孩子造成判断错觉，分辨不清楚到底该如何处理。今后孩子在与别人发生同样的问题时，会变得懦弱而缺少自我保护的意识。

上文中的男孩妈妈则属于后者：过分强势。见不得自己的孩子受丁点儿委屈，只要发现就会忍不住冲在一线，替孩子"解决""出气"。这样对孩子的过分保护容易强化孩子的依赖感，认为背后有大人撑腰，天不怕地不怕，做事前不会考虑行为后果，出事就有大人出面不用他负责，因此孩子就会变得不自律。

　　家长要清楚，孩子早晚会成为社会的一员，他们就是在这样的打打闹闹、磕磕碰碰中，学会了理解和包容，学会了坚持和舍弃，学会了责任和担当。所以，孩子间的问题尽量让孩子自己试着去解决，让他们自己学会如何与他人相处，在这些矛盾的产生和解决中，孩子也获得了自我成长的力量，学会了独立解决问题的方法和与人交往的技巧。孩子间有矛盾时家长采取冷处理的态度才是最有利于孩子成长进步的。

　　如果遇到有暴力倾向的事情发生，父母就要立刻介入——也仅限于及时制止并将孩子带走即可。如果孩子之间发生一些无关痛痒的矛盾冲突，在安全的情况下，大人尽量不要去干涉，多给孩子空间和机会，要相信孩子自己会处理好。大人掺和进去只会将矛盾扩大，无非是担心自己的孩子受了欺负受了伤，或怕自家孩子吃亏。事实上，家长大多是用自己的逻辑去为孩子鸣不平，比如，在家长看来自己孩子被别的小朋友推了一下，对推人的小朋友来说，他只是和朋友玩耍控制不好力度而已，如果孩子觉得无妨，家长却冲上去"报仇"，自然是不合适的。

　　当然，并不是所有的家长都会明白这个道理，在遇到一些强悍的家长时，我们只能采取"惹不起躲得起"的策略了。因为和这些人苦口婆心地讲道理，往往是浪费时间，他们只是钻牛角尖地为孩子"伸张正义"，觉得自家孩子受了莫大委屈，此时无论如何也不可能说服他们了。

　　面对孩子世界出现的摩擦，家长可能会做出以下两种错误做法。

　　第一种，以粗暴方式介入孩子的纠纷。

　　家长急于参与解决孩子间的"小冲突"，容易把孩子间的摩擦蔓延到大人之间，造成大人的争端。我们唯有适时放手，才能让孩子更好地体验生活，接受锻炼，所以要杜绝粗暴介入。

　　第二种，教孩子以牙还牙。

　　"他打你，你就要打回去！"看到孩子与别人发生肢体冲突时，有的父母担心孩子吃亏，会鼓励孩子还击。但是，教孩子以牙还牙，等于暗示孩子"打人"是一种正确的处理问题的方式，最终会让孩子成为具有攻击性的孩子，遇到事情就试图依靠暴力解决。我们要让孩子明白，不还手并不是因为懦弱或者是因为害怕，而是为了寻求更好的解决方法。

 **对策**

第一，安抚孩子的情绪。当孩子和别人发生矛盾时可能因为害怕或委屈而伤心难过，此时，如果家长抱怨孩子："你真没用！""你比他高那么多，你还怕他？""你就不知道凶一点？"不仅解决不了任何问题，反而会加重孩子的心理负担。此时孩子最需要的是父母的拥抱、安慰，安抚好孩子的情绪最重要。

第二，了解冲突的始末因果。有时孩子说被欺负了，求助于家长，有可能只是孩子觉得被欺负了，并不能作为判断的依据。像发生在幼儿园（校园）的冲突，老师往往是最好的目击者。家长在聆听孩子叙述的同时，不妨心平气和地听听老师们的看法。这样既能帮助家长了解事情真相，也能让家长有针对性地引导孩子学会认识问题和解决问题。

如果冲突双方已经恢复友谊，家长就不必耿耿于怀；如果确实被欺负了，而且事后孩子表现消极，不愿意再跟其他孩子交往，甚至屈服于"肇事者"，以致再次被攻击，总是带伤回家，这时家长就应该出面与老师和对方父母沟通处理了。

第三，鼓励孩子自己解决问题。家长要鼓励孩子自己解决问题，这个过程是给孩子提供更多探索和学习人际关系的机会。家长充当孩子世界的"秩序警察"，的确可以很快调停他们的矛盾，但是"警察"不在场时，混乱依旧会出现，终归需要孩子自己解决。

要让孩子说出心里的感受，同时帮孩子分析对方的行为。如果对方是无意的，我们要引导孩子学会宽容和谅解；如果对方来者不善，家长就要鼓励孩子勇敢面对，让孩子敢于正视困难，学会直接表达出来。比如给孩子示范："洗手液是我先拿到的，你等我洗完再洗"，而且态度坚决；当孩子强势地抢玩具时，家长可以帮助孩子使用语言来表达："请你不要抢我的玩具""等我玩好了你再玩。"让孩子学会正确表达可以避免很多不必要的矛盾。

总之，孩子们发生摩擦时家长要理智应对，冷静旁观孩子间的冲突，在旁保护别让孩子受伤即可，请把解决问题及成长进步的机会留给孩子。

第三节　接纳孩子的朋友

背景：爸爸刘先生是工程技师，妈妈何女士是杂志社编辑，女儿阿珂上小学六年级，即将升入初中。

问题：阿珂交了一个"坏朋友"，妈妈迫使孩子终止交往。

阿珂最近很活泼，因为她在班上新交了一个朋友，一个转校来的女生。这位女生有些特别，因为她是在单亲家庭长大，所以从小就有很强的独立生活能力，个性开朗、活泼，会做很多同龄孩子都不会做的事，比如买菜做饭、穿针引线缝衣服，甚至买东西时和商贩熟练地讨价还价，所以这个孩子在同学眼中是很厉害的。

阿珂也是被这个女同学的个性吸引，更对她的行为举止好奇，自然而然地两人就成了朋友，从此两人每天上学放学形影不离，课间也喜欢凑在一起，聊天玩耍都非常合拍。有一次这个女孩还教会阿珂用塑料绳做手工，阿珂学会后在同学间一展示就收获了不少"粉丝"，阿珂觉得又开心又有成就感。

起初阿珂的妈妈何女士觉得孩子交朋友是很正常的，也就没当回事，慢慢开始感觉不对劲了。最早发现不对劲是女儿的学习成绩下滑了，紧接着孩子的班主任和托管老师打电话"告状"，说阿珂最近上课迟到，作业没完成，中午大家都在托管班午休时阿珂不乖乖休息，还振振有词地和托管老师顶嘴。得知阿珂最近的表现后，何女士在家严肃地批评了女儿，但阿珂还是左耳朵进右耳朵出，全当耳旁风，让何女士又气又无可奈何。

后来何女士又发现女儿开始乱花钱，给的零花钱往往几天就没了，然后阿珂就会用各种理由向爸爸妈妈要钱，询问老师后得到的信息是阿珂经常在学校门口的小卖部买零食和小玩具，"不差钱"的样子。得知了这个消息后，何女士会不时查看女儿的书包，果然发现经常有稀奇古怪的玩意儿在书包里。

当何女士知道女儿这个朋友在班里成绩处于下游的时候，忍不下去了。她坚决地给女儿下了最后通牒：禁止再和这个女同学来往，不可以做朋友。迫于家长的压力，最终阿珂不情愿地终止了和这个同学的朋友关系，两人再没一起上学放学，在班里课间也不怎么说话了，虽然看着女儿闷闷不乐，何女士还是觉得心安多了。

分析

首先，让孩子在充满善意的、宽松的环境中成长，保证孩子有健全的人格和健康的品格，这是孩子受人欢迎的基础。

不要否认孩子交的朋友，否则就是否认孩子的能力、想法。让孩子公开地表达自己的感情。请不要对孩子交友横加干涉和反对，这是十分不公平的。

其次，孩子选择朋友一定有他的标准和想法，可能某个孩子确实有这样那样的缺点，但更可能有身为家长所不知道的可贵之处，这个可贵之处只有同样是孩子的小伙伴才能发现，而那正是你的孩子所极为珍视和需要的：也许是同样爱好画画、音乐，或许是性格上互补，如内向谨慎的孩子往往喜欢活泼开朗的孩子。

另外，孩子之间的友谊是没有目的性的、纯粹的情谊，不像成人世界那么复杂，带有功利心，甚至用势利的经验去评判。

要给予孩子发展独立性的自由，包括交友独立，让孩子与邻里的孩子、学校的同学自由交往，以平等的态度对待孩子的朋友。

对每一个孩子的个性、特长、信仰、相貌、习惯、爱好和家庭环境等要给予尊重，家长要做到并教育孩子做到：不侮辱别人，不伤害别人自尊心，学会信任他人、谅解他人、乐于助人，学会调节集体和个人的关系。

在孩子交往过程中，不仅要做到不妄加评论孩子的朋友，否定其他孩子，更要引导孩子，让孩子多看朋友们的长处和优点，少看别人的短处和缺陷，比起否定孩子和为孩子设立交友标准，肯定其他孩子的优点更能让孩子从朋友身上学习各种可贵的品质，让孩子取长补短，"择其善者而从之，其不善者而改之"。这就是交友的积极作用。

在上文中，何女士之所以反对女儿阿珂和那个单亲孩子交往，主要是怕孩子跟着学坏。阿珂开始花钱大手大脚就是学坏的信号，但问题并不在阿珂的朋友,她平时担负着购物的任务,掌握了这一能力,而阿珂有样学样,很有可能不懂得消费价值和购物逻辑,只是觉得花钱的感觉不错,而不考虑买的东西值不值,有没有用,这时家长只需要做好引导,趁机教育孩子养成正确的消费观念:什么算乱花钱,怎么样花钱才对,对钱的价值评估判断等。让孩子远离"信息源"只能算下下策,因为孩子将来进入职场,出现问题,家长会建议努力解决问题而不可能建议孩子远离职场;步入婚姻出现家庭矛盾,家长也不可能让孩子逃避婚姻孤独一生,而应该学着经营生活。

同理,一个朋友的出现,伴随着迥然不同的习惯、作风、性格和思想,结交朋友的过程也是接触陌生信息和成长学习的机会。家长阻止孩子结交朋友,固然可以让孩子纯净得像"一张白纸",但也阻碍了孩子的进步;只让孩子结交成绩好的孩子呢?孩子确实可能受到其他孩子积极学习的影响,但也因交友标准的固化而衍生出扭曲的价值观念和逻辑思维,不利于孩子的心理成长。

对策

家长可以邀请孩子的朋友到家里做客或者邀请对方家庭一起进行郊游活动,以便更加深入地了解他们。也可以找一些与孩子们相关的轻松愉快的话题,和孩子们一起交流加深了解。在了解之后更有利于家长做出准确的评价,而不会草率地做出判断。

从孩子口中知道孩子的交友经历后,家长应该称赞孩子的交际能力,因为鼓励可以帮助孩子更开朗、更有信心地进行人际交往活动,有益无害。

如果担心孩子交的朋友会产生不良影响,就试着分析出他从朋友那里都得到了什么,并认真考虑这些需求是否能从其他途径得到满足。

也可以和孩子谈心,问问孩子想交什么样的朋友,比如尊重对方观点,不在意朋友缺点,可靠、正义等。然后让孩子判断现在的朋友是不是符合自己的交友标准,不必设立太严苛的标准(比如必须取得优秀成绩的才能做朋友),目的只是让孩子学会甄别该和谁做朋友,而不是和谁都可以成为朋友。只要孩子能学会有标准地交友,这就足够了。

家长不只是守护者，还是孩子成长路上的陪伴者和支持者，试着接纳孩子的朋友，少一些敌意和评论，接纳孩子的想法和选择，家长也能成为孩子最要好的朋友！

第四节　让孩子学会原谅

故事

背景：珊珊过 8 岁生日，妈妈送了一个铅笔盒，第二天就被同学弄坏了。

问题：孩子不知道该不该原谅同学时，家长替孩子做出了不当决定。

"铃铃铃"，下课铃响了。老师收拾好东西走出教室，教室里立马就喧闹起来，有的同学开始讨论昨晚看的动画片，还有的叫嚷着值日生擦黑板，男生也立刻调皮地在教室里你追我赶地闹腾起来。

珊珊坐在座位上，把笔和橡皮都收回铅笔盒里，合上铅笔盒盖的时候不禁又多看了两眼，崭新光洁的盖子上是可爱的小猪佩奇的图案，珊珊摸了摸，很开心，这是妈妈送给她的 8 岁生日礼物，一定得好好珍惜才行。

"哇，你的铅笔盒好好看啊，是小猪佩奇！"

后排的一个女生，正羡慕地看着铅笔盒，珊珊开心地回答："这是我妈送我的生日礼物，还挺贵的呢。你看，这里面夹层还能翻过来。"说着珊珊又打开铅笔盒演示着。

"你妈妈对你可真好，我也想要一个这样的。我现在去厕所，要不要一起？"女生热情地发出邀请。

"好啊，那我们一起吧。"珊珊把铅笔盒放在桌子上，然后就和女生一起出去了。

几分钟后，珊珊回来走到座位前，一眼就看见了自己铅笔盒的盖子瘪了下去，"我的铅笔盒！"珊珊连忙拿起来检查，盒盖深深地凹陷下去，里面的夹层也卡住了。眼见心爱的铅笔盒面目全非，珊珊鼻子一酸，就要哭出来，她抬头扫视四周："是谁弄坏了我的铅笔盒，我妈刚买的！"

只见同桌大壮站在座位旁边低着头，默不作声，珊珊问道："是不是你，大壮？"大壮耷拉着脑袋低声说："对不起，珊珊，我不是故意的，刚才我们就是闹着玩，撞到了你的桌子，铅笔盒就掉了下去，结果被我不小心踩了一下。"

珊珊一听，眼泪忍不住地流下来："我的铅笔盒还是新的就被你弄坏了，

第六章　积极交友——独立社交的正确开启

你真讨厌！我再也不和你玩了！"珊珊一边抹着眼泪一边把铅笔盒擦干净，可是不管她怎么弄，铅笔盒还是变了形不好用了。气得珊珊一直到放学都没再和同桌大壮说话，大壮也不敢再找珊珊。

晚上，珊珊把铅笔盒被同桌弄坏的事告诉了妈妈，妈妈接过铅笔盒看了下，告诉珊珊："你这个同桌太差劲了，天天闹腾还弄坏了你的铅笔盒，我早就看他不是好孩子，一会儿我给老师打个电话，让他给你调调座位吧，省得以后挨着大壮再受伤。"

珊珊抬起头望着妈妈说："但是大壮他和我道歉了，说了对不起。"妈妈摸着珊珊的头："傻孩子，他是怕你告诉老师，所以才主动向你道歉的。听妈妈的，一会儿妈妈让老师给你换个座位吧，铅笔盒修修也还能用，等你爸回来让他弄，先吃饭吧。"说着妈妈把铅笔盒递给珊珊。

接过铅笔盒的珊珊，摸着盒盖被压变形的小猪图案，想要同意妈妈的做法，又觉得好像哪里不对，最后还是挤出一个轻声的"哦"，然后转身把铅笔盒放回了房间。

分析

面对心爱的生日礼物被毁，珊珊有情绪是很正常的，甚至说出了"再也不和大壮玩了"这样的话语，但她的内心更多的是对铅笔盒的心疼，而非对大壮的否定。而妈妈考虑的是珊珊同桌调皮捣蛋容易弄坏珊珊的东西，让珊珊受伤，或者会影响女儿学习成绩，妈妈在否定了大壮这个孩子之后才怂恿珊珊远离大壮，这种做法我们不置可否，我们可以具体分析下选择原谅好不好。

孩子在交往过程中经常会遇到小矛盾和小冲突。对孩子来讲，这能促使他们慢慢了解"自我"与"他人"的关系，知道如何相处才是正确的，学会宽容和妥善处理矛盾的方法。

让孩子学会原谅，有很多独特的作用：

第一，有利于克服"自我意识"；

第二，有利于维护人际关系和谐，培养孩子的社会适应能力与合作精神；

第三，让孩子体会宽容，学会忍让，也就学会了为别人着想；

第四，能促进孩子良好性格的养成。

简而言之，让孩子学会原谅，引导孩子宽容待人可以让孩子更有耐受心理，沉得住气，有更强的忍耐性和耐压性，这是极为可贵的素养。

如果孩子们之间矛盾不严重，尽可能放手让孩子去体会原谅的意义，如果真的有恶意事件，那么应该根据自家孩子的情况，让孩子自己判断解决，家长只需要提出自己的观点供孩子参考就好，尊重孩子最后的决定。无论孩子怎样选择，事情都不会太糟糕，而孩子会在不久之后发现自己的决定正确与否，对此产生的思考和经验才是最重要的。

家长相信孩子们会互相影响，所以知道某些情况后会迫切希望自家孩子远离"坏孩子"。但绝大多数家长都是通过片面信息得出结论的，和孩子是两种不同的视角看待人和处理问题，更何况教育的目的并不只是控制孩子在绝对优秀的环境里成长，更是帮助孩子适应社会，体会人生百态，所以让孩子自己做决定，不要替孩子决定怎样解决矛盾，更不要挑拨孩子之间的友情，要相信孩子的每一点得失皆有意义。

对策

让孩子自行解决问题，思考该如何处理矛盾并行动。孩子的想法总是不够成熟的，或许在大人眼里明明有更好的解决办法，但作为孩子的引导者第一要务是鼓励孩子，让孩子学会独立思考和积极行动，总被家长否定和拒绝难免打击情绪，产生倦怠消极的应对习惯和依赖家长的不良心理。所以，当家长觉得孩子处理矛盾不够灵活或不够宽容时，要多开导孩子，建立同理心，让孩子自行判断该如何做。

如果孩子确实在与伙伴的交往过程中遇到恶性事件，家长就要提高警惕，避免孩子身心受伤。要了解清楚情况，及时与老师、对方家长进行沟通，并做好孩子的善恶观教育，趁机引导孩子学会分辨哪些是可以谅解和握手言和的无意之举或小问题，哪些是性质恶劣、情理难容的糟糕举动，辅助孩子进行"择其善者而从之，其不善者则改之"的反思举措。

第七章

看透说谎——防止谎言的出现

父母一旦发现自己的孩子说谎，就会表现出惊慌失措，如临大敌的样子，甚至开始怀疑孩子的品格是否出现了问题。事实上，孩子说谎是一种正常的心理发育现象，只要父母客观看待孩子说谎问题，分析孩子的说谎动机，在此基础上加以正确的引导，帮助孩子树立正确的世界观、人生观、价值观和道德观，孩子就能健康成长。

第一节　客观看待说谎现象

故事

背景：妈妈是公司职员，爸爸也是公司职员，孩子小乐5岁，上幼儿园。

问题：孩子为了得到奖励，对老师撒谎。

小乐是个乖巧好动且很喜欢玩具的孩子。小乐的爸爸曾对小乐承诺，如果他被老师表扬，就会奖励他一个机甲玩具。

一天，幼儿园的小朋友都在吃午饭，老师说："谁把午饭吃干净，老师就奖励谁一朵小红花。"顿时，小朋友都很认真吃起午饭，一点儿一点儿地吃干净。小乐看到其他小朋友一个个邀功似的，跑到老师那领走小红花，再看看自己碗里还残留的饭菜，可是自己确实吃不下去了，但是他还想得到老师的奖励，这样就可以得到爸爸奖励的机甲玩具。于是他趁着老师和小朋友不注意的时候，把饭偷偷倒掉。

小乐跑到老师面前，说："老师，我都吃完了，我也要小红花。"

"来，让老师看看你的小碗，嗯！很干净，这朵小红花奖励给你。"老师说。

午饭结束，老师在打扫卫生的时候，发现小乐位置上的饭菜，当即打电话给小乐爸爸说明情况。

晚上，小乐爸爸去接小乐的时候，小乐说："爸爸，老师奖励我一朵小红花，你快给我买机甲玩具吧。"

小乐爸爸脸色一沉，严厉地说道："老师都告诉我了，你把饭菜倒了，没吃干净，还对老师说谎，奖励肯定没有，回去好好反思。"

小乐立即反驳道："碗里可是一点儿饭都没有，干干净净的。当时我实在吃不下去了，又很想要老师的奖励，就倒掉了一点儿饭菜。爸爸，你不是总说不要吃太撑，那样会撑坏肚子，那我倒掉一点儿又有什么关系。我还经常看到妈妈把饭菜倒进垃圾桶里呢！"

小乐爸爸见状，有些无奈，也不知道该怎样教育这个孩子。

第七章　看透说谎——防止谎言的出现

分析

高尔基曾经说过："诚实是人类最美好的品格。"德国诗人海涅也曾经高唱："生命不可能从谎言中开出灿烂的花朵！"可见对人们而言，诚实是对一个人最基本的要求。因此，关于诚实做人、诚信做事方面的教育对孩子们来说意义重大。然而，即使父母和老师多次教导要诚实，很多小孩子仍然频频撒谎，使得父母整日忧心忡忡，这到底是为什么呢？

事实上，像上述主人公小乐一样的孩子很多，据心理学家的研究报告称，说谎是孩子心理发育中的常见现象，而且从国外的心理专家做过的很多深入研究结果来看，孩子在2—3岁时就会讲完整的谎言了。这个研究结果打破了以往人们对小孩子不会撒谎的传统认识，但也告诉各位家长，孩子说谎不必大惊小怪，也不要认为孩子已经学坏了，甚至对孩子的道德品质产生怀疑。其实学龄之前的儿童，也就是说五六岁之前的孩子，父母往往不用对其说谎这个问题过于担心。

根据专家的研究，我们大概可以把孩子说谎的类型分为四类。

第一种，想象性谎言。这个谎言往往源于孩子对某种东西的强烈的渴望和幻想，想象性的谎言其实表达的是孩子的一种向往或者是希望。又因为孩子年龄较小，心智不全，他们很难区分现实跟幻想，于是当他们想获得某样东西的时候，他们就会通过幻想来获得，这是幼儿发育过程中非常正常的一种心理现象。严格意义上来说这根本算不上谎言。

第二种，胡诌性谎言。是指孩子因为喜欢做某件事情，非常渴望得到又担心得不到而有意编造这样的谎言，也属于有意识说谎行为。比如上文小乐因为想要得到小红花和机甲玩具而撒谎。

第三种，辩解性谎言。又称之为防卫性谎言，是指孩子为了逃避家长对他所犯错误的责罚而选择撒谎。这是因为一旦孩子做错了事，父母第一个反应就是对孩子进行批评打骂，孩子为了避免责罚，就会通过说谎的方式来逃避。

第四种，逃避性谎言。比如，孩子不想上幼儿园，就会骗父母说肚子疼或者发烧了；又或者家长会让孩子学习画画等来发展兴趣爱好，当孩子觉得压力太大的时候，他也可能会通过撒谎的方式来逃避。

综上所述，虽然孩子的撒谎表现和原因是有区别的，但基本上是"情有所缘"，父母不要光顾着指责孩子，要先从自身出发寻找原因，了解孩子说谎的动机和原因。

 **对策**

通过以上分析可知，孩子的说谎行为可以分为有意识说谎和无意识说谎。父母要客观看待孩子的说谎行为，用辩证的思维来分析孩子的说谎行为。可以从以下几个方面来客观认识孩子的说谎现象。

第一，父母要第一时间了解孩子说谎的真实原因，搞清楚孩子到底是有意识说谎，还是无意识行为。要鼓励孩子坦诚相告，不要随意责罚孩子，而应正确引导孩子认识自己的错误。

第二，父母与孩子间的相互信任和理解是孩子诚实的前提条件。要站在孩子的角度去客观分析孩子说谎这件事情，而且要让孩子知道，即使他说了谎，父母还是爱他的，并且表示自己能理解他的心情。

第三，一旦发现孩子说了谎，要与孩子及时交流，让孩子知道说谎不好，意识到说谎的危害，比如以后没有小伙伴找他玩之类的。重要的是要与孩子共同商量出其他更好的办法来代替说谎。

第四，不要用严厉的惩罚来对待孩子或者威胁孩子。这样做往往会让得孩子出于恐惧而不得不说更多的谎言避免责罚，长此以往，容易形成不好的习惯。

第五，假使父母发现孩子撒谎，不要立即在他人面前直接指出来，也不要在其他人面前指责或教训孩子，最好的办法是另找一个合适的时间单独与孩子谈，并告诉他父母的良苦用心。

第六，平时多关心孩子的生活、学习和心理。父母对孩子的要求要切合实际，杜绝孩子撒谎的可能性。当孩子做错事时，要做调查并鼓励孩子建立正向的行为。

第七，如果孩子多次说谎屡教不改，家长最好了解清楚孩子撒谎的原因，认真地分析一下，必要时请教一下儿童心理专家。懂一点儿童心理学，讲究一些教育技巧和方法，比打骂孩子更有效。

第八，如果孩子勇于承认自己做错了事，要夸奖孩子勇于承认错误的行为，让孩子知道知错能改，善莫大焉。

第二节　分析说谎原因

背景：爸爸是一位老师，妈妈是公司职员，孩子唐赫上小学二年级。

问题：孩子为避免不写作业而受到父母和老师的责罚而撒谎。

唐赫今年7岁半了，刚上小学二年级。一年级的时候他在学校学习成绩不算优秀，但也能排在全班中等以上的位置。

可上了二年级后，唐爸爸发现儿子越来越贪玩，每天放学回家就盯着电视不放。这天放学回家后，唐赫把书包一扔又坐到电视前面了，于是他就叫唐赫去写作业，唐赫竟然说："老师布置的作业少，我已经在学校做完了。"

唐爸问："是吗？你在学校都做了啥作业？"

唐赫回答道："都做完了爸爸，我和张叔叔家的亮亮同学一起做完作业，一起回来的呀。"

唐赫口中的亮亮跟儿子是同班同学，亮亮学习特别好，成绩优异，人又乖巧，唐爸爸虽对儿子半信半疑，但一听他跟亮亮一起做的作业，便没有细究。

直到唐赫的班主任打来电话，他们夫妻才知道真相：唐赫学习成绩下降得很快，经常不交作业。老师曾通知他们去学校，唐赫却对此避而不谈转而告诉老师说父母出去旅游了不在家。

这下把夫妻俩气得，回了家专门坐等儿子回来。放学后孩子回来了，果然书包一扔，又准备看电视。他母亲问道："儿子你又在学校做完作业了吗？"唐赫头也不回地说道："早做完了"。

看着儿子依然选择撒谎，夫妻二人便告诉儿子，他们已经知道他在学校不交作业并且还撒谎的事情了，谁知道唐赫还不承认，硬说是自己交了。

最后唐赫哭着承认了错误并说道："上次李阿姨叫妈妈一起打麻将，妈妈就说她出去了不在家，为什么我不能说你们不在家出去玩了？"

对于儿子的问题，夫妻顿时语塞，不知该怎么解释，但对儿子屡次说谎的事情更加着急，除了担心他的学习成绩下降之外，更担心他说谎变坏了。

分析

多伦多大学的发展心理学专家李康教授，对孩子的撒谎现象进行了长达20年的研究。其研究结果发现：2岁的孩子中，30%的孩子会撒谎；3岁的孩子中，会撒谎的孩子达到50%；4岁以后孩子中，几乎所有的孩子都会撒谎。也就是说，大多数孩子迟早都会撒谎。可见小孩子说谎是一种常见的心理发育现象，可是孩子为什么要说谎呢？

第一，害怕受罚。孩子出于某种原因，会选择撒谎来逃避。比如害怕父母责备，害怕受到惩罚等。著名哲学家罗素说过："孩子不诚实几乎都是恐惧的结果。"换句话说，其实儿童说谎在某种意义上是因为害怕说了实话会受罚，比如挨打挨骂等，也就是说孩子会把谎言当作一种为逃避责备而寻求来的避难所。当他们发现自己犯了错误时，会本能地害怕这个错误带来的后果，尤其是经常因为犯错而被父母训斥、惩罚的孩子，所以，当再一次犯错时，孩子们会选择撒谎以期逃脱惩罚。

第二，理解性心理错位。孩子，尤其是幼儿时期的孩子，他们的认知发展尚处于前运算阶段。这个阶段的孩子已经开始运用简单的语言符号进行思考，具有了表象思维能力，但是还不能全面理解语言的内涵。所以这个阶段的孩子经常会因为对客观事物的认识不足而产生心理错觉，从而说出与现实也就是与客观事实不符的话。这种现象一般发生在幼儿阶段。

第三，表现欲强烈。幼儿时期的孩子表现欲十分强烈，具体表现为：当孩子学会一首新歌或者会做一种新游戏，甚至交了一个新朋友等，就会很开心地向父母及他人展示，以期得到夸奖或者肯定。这种表现欲的萌动说明孩子的自我意识和自我价值感已经产生并且在渐渐增强，这有利于调动孩子学习的积极性和主动性。但是孩子也会在这种强烈表现欲的驱使下不自觉说出大话，也就是我们常说的撒谎。

第四，想取悦父母。有些孩子的父母对孩子要求较高并对孩子承诺了某种奖励，而孩子为了取悦父母，使父母高兴，或者为了得到奖励就会说谎。如故事中的唐赫，为了能让父母允许自己看电视而说谎，假使父母和老师不知道情况，让孩子撒谎成功，就会进一步加大孩子说谎的动力。

第五，受成人影响。孩子的模仿能力特别强，如果父母当着孩子的面说谎，以后孩子遇到类似情况也会模仿父母，比如唐赫模仿妈妈谎称外出。另外，父母因各种原因而不能兑现对孩子的承诺时，孩子就会认为父母撒谎欺骗了他们，而他们会觉得自己以后也能说谎。

对策

第一，害怕受到惩罚。此时父母不要为了让孩子说真话而去盘问孩子，尽量避免咄咄逼人的态度，那样只会使孩子因为害怕而选择继续说谎。也就是说父母要为孩子创造一种轻松的环境，告诉孩子人都会犯错，如果能勇敢地承认错误，那么就已经改正了一半的错误。当孩子主动坦白地说出真相后，首先要表扬孩子的诚实，然后再妥善处理孩子的错误，跟孩子商量如果下次再出现这样的情况是否有比说谎更好的办法。

第二，理解心理错位。心理错觉会让孩子误读他人的话。这种现象一般发生在2—3岁的幼儿阶段。这个阶段孩子尚不能全面理解父母所说的话的真正含义，会产生由这种误解带来的孩子所述与客观事实不相符的现象。这个时候父母不要打击孩子的积极性，应当帮助孩子分析成人的话中所包含的真正含义，消除孩子的模糊认识和理解偏差。

第三，表现欲强烈。强烈的表现欲会驱使孩子不自觉地说出一些不切实际的"大话"，这些"大话"往往被父母理解为说谎。此时父母首先要用鼓励的态度和恰当的言行来帮助孩子巩固、发展他的表现欲以及表现能力，这样做有利于提高孩子的自信心与积极性，也有助于培养孩子的自我认知。在此基础上对孩子的行为给予客观的评价，逐渐加强孩子对自我的认知。

第四，受成人言行影响而撒谎。如事例中孩子提道：妈妈也骗人。这就要求父母要时刻反思自己的言行，要知道身教胜于言传。当父母教导孩子要诚实不能撒谎时，要反思自己是否给孩子树立了良好的榜样。另外，父母答应孩子的事情就要认真履行，如果不能兑现要向孩子道歉，并说明理由，以此来取得孩子的理解。

第五，为取悦父母而撒谎。面对孩子为取悦自己而发生的说谎行为时，家长要反省自己对孩子要求和期望是否过高。虽然适当的期望是孩子进步的动力，但如果期望超出了孩子的承受范围，就会给孩子带来巨大的心理压力，最后迫于无奈，选择撒谎来满足父母的要求和期望。因此，父母要充分了解孩子的潜能和优势，根据孩子自身的实际情况对孩子提出适当的要求和期望。

第七章　看透说谎——防止谎言的出现

第三节　谎言不值得依赖

 故事

背景：爸爸是公司职员，妈妈是家庭妇女，赵越上小学一年级，今年6岁。

问题：当孩子面对不愿意做或者懒得做的事情时，就会选择撒谎来寻找借口，谎话张口就来，父母多次教导无果。

最近赵越患了湿疹，妈妈带他去看了医生后，医生开了外用的药膏。因为妈妈认为赵越已经6岁了，能独立完成自己的事情了，便嘱咐赵越自己按时涂抹。

第二天早晨起床后，妈妈来到赵越房间，随口问似乎刚刚醒来的儿子："药涂了吗？"

赵越平静地回答："涂了。"

妈妈不放心，又问了一遍："真的涂了？"

赵越平静地答道："真的涂了。"

妈妈还是不放心，扫视了一下床头的棉签、药膏，没有看到涂抹药膏用过的棉签，有点怀疑，继续追问："涂药用过的棉签呢？"

赵越依然面不改色地回答："丢了。"

看着刚刚睡醒应该还没有出过房间的儿子，妈妈很是头疼。

妈妈怀疑赵越在撒谎，于是继续追问："到底涂没涂？用什么涂的？"

赵越胡乱应对："涂了，我用纸巾涂的。"妈妈有点生气了，便问道："用过的纸巾丢哪里去了？找出来给我看看！"

赵越这下没有办法了，沉默了半晌只好承认自己没有涂药。

这时爸爸走了过来，了解情况以后问赵越为什么撒谎。赵越回答道："我要是说没涂，妈妈肯定没完没了地念叨，我嫌烦。"

妈妈有点委屈了，她因为关心赵越才会问，结果儿子还嫌她烦。爸爸看到妈妈涨红的眼眶便严厉批评了赵越。赵越表示自己知道错了，诚恳地给妈妈道

歉，保证自己下次一定抹药。妈妈也就没有把这件事放在心上了。

当天晚上，妈妈又问赵越："抹的药起作用吗？症状好转了吗？"

结果赵越又是头都没抬地说："已经好了。"

妈妈觉得药效应该没那么快，便要自己检查一下，谁知道赵越竟然谎称自己要睡觉了，拒绝了妈妈的检查。

妈妈这才意识到赵越根本没有抹药。

面对孩子的一次次撒谎，妈妈感到难以理解。明明就是一件很小的事情，为什么孩子宁愿选择多次撒谎，也不愿意去做呢？

分析

故事中赵越对于妈妈对自己的关心感到有点烦，便撒谎表示自己已经抹完药了，想以此来阻止妈妈对自己的进一步询问，结果被妈妈发现了。而第二次妈妈询问他的时候，他仍然说谎企图搪塞过去。妈妈则难以接受儿子对自己屡次撒谎的行为，甚至开始怀疑孩子的品格问题。

子曰："人而无信，不知其可也。"意思是说一个人不诚实，不讲信用，真不知道他还可以做什么。从传统上来讲，大多数父母都把孩子的诚实问题看得非常重要。父母一旦发现孩子撒谎，便会认为孩子的诚信和人品方面出了问题。可能对于成人来说，撒谎很大程度上表示撒谎者的诚信可疑。但对于孩子来说，并非如此。众所周知，孩子在与父母的关系中是处于弱者地位的，甚至有时候，孩子对父母说谎属于自我防卫。这是一种为了避免来自父母的批评、责备、唠叨、啰唆等行为的消极应对策略。

但是不管出于什么原因，说谎这件事本身是不对的，多数父母担心的也不过是怕孩子变成一个依赖谎言的人。孩子为什么会对谎言产生依赖性呢？

首先，谎言可以使孩子暂时脱离麻烦。当父母关心过度的时候，孩子企图用撒谎来摆脱父母的进一步询问和探究，从某种意义上来讲，这也是孩子保护隐私和自由的一种方法。而当父母对孩子要求过高孩子难以达到时，孩子也会企图以撒谎来满足父母的要求，让自己避免达不到要求的惩罚和责备，因此会对谎言产生一种依赖性。

其次，谎言本身是个圈套。从你最开始选择撒谎和欺瞒的那一刻起，就意味着将来你需要无数个谎言来维持或者补救。当孩子第一次撒谎的时候谎言说来也简单，但随着时间的推移和父母的进一步探究，这个谎言就像滚雪球一样越滚越大，直到脱离孩子的掌控。渐渐地，孩子就容易钻入谎言的圈套里，越来越依赖谎言。

最后，谎言能带来即时的满足感。比如，故事中的小朋友选择撒谎是因为谎言能使他摆脱母亲的唠叨，带给他自由。谎言在某种程度上是为了取悦对方，而这种取悦既能给被撒谎者带来满足感，也能使得撒谎者获得暂时的肯定或者夸奖，再加上孩子心智发展尚未成熟，更容易被谎言带来的即时满足感诱惑，对谎言产生依赖性。

对策

孩子一旦对谎言产生依赖性，便会经常说谎。这不但不利于孩子自身的思想品德发展，也会给别人如父母、老师、同学等心理带来一些打击和创伤。所以，孩子从小就要养成诚实可信的品德。作为父母应该从以下几个方面去帮助孩子摆脱对谎言的依赖。

第一，找到孩子撒谎的原因。只有找到问题的根本原因，才能从根源上解决问题。当父母发现孩子撒谎时，不要惊慌失措，也不要生气，要跟孩子及时交流，让孩子自己说出真相并承认错误。要用孩子可以接受和理解的方式帮助孩子从谎言中走出来，慢慢引导，说服教育。

第二，明确孩子对谎言的认知。孩子的自我认知和他物认知能力都比较弱，父母要帮助孩子认识到谎言带来的严重后果和危害，也要教育孩子分清诚实与善意的谎言。只有孩子对谎言有明确的认识和了解以后，才能确保孩子知道自己错在哪儿了，这有利于帮助孩子快速地从错误中走出来，成为一名诚实守信之人。

第三，惩罚不是目的。平时要对孩子的一言一行多加关注，以便更清楚地知道孩子的所思所想，一旦孩子犯错可以做到及时纠正。除此之外，要顾及孩子的自尊心，尽量不要在人多的公共场所批评孩子，要在家耐心细致地教育孩子。有的父母平时不关注自己的孩子，一旦发现孩子做错事，只是一味地打骂和体罚，这样会使得孩子因为不敢承认错误而更加依赖谎言。

第四，不要纵容。有的父母认为小孩子撒谎，无伤大雅，既没有对他人造成危害，也没有对孩子产生不利影响。其实就算是小小的谎言也要加以纠正，不要让孩子养成撒谎的习惯，将来也就不会依赖谎言。

第五，父母做好榜样。父母要身体力行，从自己做起。身教重于言传，父母是孩子的第一任启蒙老师。

总之，做一个诚实守信之人，能得到别人和社会的认可，有利于走向社会及人际关系的维护，有利人生事业的发展。希望父母为了自己孩子的未来，做好诚信教育，杜绝孩子对谎言的依赖。

第四节　以身作则，真诚相处

 故事

背景：爸爸妈妈在一家物流公司上班，杨雨今年4岁。

问题：孩子对爸爸妈妈的行为模仿能力特别强，父母当着孩子的面说谎，之后孩子模仿父母说谎。

杨雨今年4岁了，上幼儿园。她性格有点咋呼，干什么事都冒冒失失的。爸爸妈妈便为她报了个书画兴趣班，一是为了培养女儿的兴趣爱好，二是想磨磨女儿这急躁的性子。

杨雨爸爸妈妈每个周末都会亲自送女儿去上课，这周末夫妻俩因为外出有事，便把孩子拜托给了奶奶，让奶奶中午接一下孩子，并负责孩子的午饭。

杨雨到培训学校门口很高兴地跟爸爸妈妈道别然后进去上课了。时间总是过得飞快，一会儿就到了放学的时候了。她蹦蹦跳跳出了校门以后便跟着奶奶回家吃饭了。

傍晚，在奶奶房间里看电视的小雨听见客厅传来声响，好像是爸爸妈妈回来接她了。她很开心，想着给爸爸妈妈一个惊喜，便打算蹑手蹑脚地出门。谁知刚把门打开就听见奶奶说："你们出去玩就玩吗，还买什么礼物。"

"妈，这是当地特产，买回来给您尝尝。"儿媳妇回答道。

"怎么不再待一天？好不容易出去玩一次。"杨雨奶奶又问道。

刚说完这句话，杨雨便噔噔跑过来，哭着说："你们出去玩不带我，还骗我说去出差了。"说完便号啕大哭，弄得三个大人不知所措。

杨雨爸爸妈妈看见女儿伤心，自知理亏，赶忙掏出了给女儿买的礼物，谁知这孩子看都不看一眼，只是一边哭一边说爸爸妈妈都是大骗子。

最后，夫妻俩承诺下周周末带女儿去游乐园，孩子这才止住了哭声。毕竟是孩子，一听到下周要去游乐园，便把父母骗她这件事忘记了，一心盼着周末。

杨雨觉得时间过得实在是太慢啦，就像蜗牛爬行一样。左盼右盼，终于盼

至简教育：别与孩子较劲

来了周末，她早早起床，自己穿好衣服便出去叫爸爸妈妈去游乐园。不幸的是，今天下着暴雨，根本去不成游乐园。杨雨一听到去不了，也不听解释，就伤心地哭了起来。再次觉得爸爸妈妈是不折不扣的大骗子，任凭夫妻二人使出浑身解数也没有将女儿哄好，由着她闹了一天别扭。

原以为这件事情就这样过去了，之后一天杨雨爸爸妈妈在公司加班，仍然由孩子奶奶去接女儿。快到下午1点的时候，爸爸接到奶奶的电话说找不到杨雨，她一直在门口等，没见孩子出来，进去一问老师，说孩子早走了。现在她到处找不到孩子，正着急呢！

爸爸放下手头的工作便赶到杨雨的补习学校，这时孩子走了已经将近一个小时了，没有回家，不知道去哪儿了。无奈学校老师调出门口监控才发现杨雨上了同一补习班一个小女生爸爸的车。迅速联系到这位家长后，便赶了过去。

爸爸很生气地问女儿："你答应了要去奶奶家怎么又跟同学走了，还骗人家说你已经跟爸爸妈妈打过招呼了，你什么时候跟我们说了？"杨雨反问道："为什么你们可以骗人我不能骗人？"

看着女儿稚嫩的眼神，爸爸才认识到自己的行为竟然给女儿带来了如此大的影响。待女儿回家后，夫妻二人正式跟孩子道歉不应该撒谎骗人，承认了错误。这时杨雨看到父母承认错误，认识到自己也错了，也承认了不应该撒谎。

一场闹剧至此宣告结束。

分析

从上述故事中可以看出，父母的一言一行都会对孩子产生巨大的影响。俗话说："近朱者赤，近墨者黑。"显然家庭教育和父母行为对孩子的成才起着至关重要的作用。记得意大利诗人但丁说过："要是白松的种子掉在英国的石头缝里，它只会长成一棵很矮的小树；但是，要是它被种在南方肥沃的土地里，它就能长成一棵大树。"这句诗特别强调了环境对成才起着决定性的作用。

众所周知，家庭是儿童心理发展最重要、最基础的环境。它对孩子的心理健康的影响既表现在生物性的遗传影响上，更表现在家长的情感态度、个性、价值取向及心理品德对孩子的影响上。

第七章 看透说谎——防止谎言的出现

家庭教育一般指的是父母在教导孩子的时候所采用的教育方式。现在的父母对孩子的教育非常重视，往往会忽略的就是自己的言行对孩子性格和品格养成的影响，也忽略了父母是孩子最好的老师。

父母以及家庭教育对孩子的影响主要表现在以下几个方面。

第一，思想上。家长的思想会影响孩子的整个人生道路和未来发展。如果父母思想积极向上，那么他们的孩子也会成长为一个乐观阳光、积极向上的孩子，反之亦然。父母思想对孩子的影响具体表现为，父母对一件事的看法会直接影响孩子对这件事的看法。例如上述故事中，杨雨父母骗女儿说外出有事，结果是出去旅游，这件事被孩子发现后，父母没有认识到自己不应该向孩子撒谎，欺骗孩子，而是选择用另一个承诺来取悦孩子。这件事对孩子造成了不好的影响，使得孩子没有充分认识到谎言应该付出的代价。

第二，行为上。家长在遇到问题之后要主动跟孩子沟通，并及时改变自己的坏习惯，做了不好的事情也要学会向孩子道歉，这样孩子也会在自己遇到问题的第一时间想着去沟通解决，而不是通过说谎来逃避责任，或者直接忽略自己的责任。事例中，杨雨父母在对孩子撒谎被发现之后，并没有跟孩子就这件事情及时沟通并承认自己的错误，这是对孩子模仿行为的一种反面演示，随后孩子把答应好的事情忘记了，并对同学家长撒谎等一系列行为都是受到父母的直接影响。

第三，言语上。多数父母都会觉得自己是家长，所以做错了事情不需要对孩子说"对不起"，或者在孩子帮忙做了事情之后不会说"谢谢你"，在孩子获得表扬的时候也不会说"你真棒"。久而久之会影响孩子的说话方式和言语行为，使得孩子在犯错误之后不知道说"对不起"，得了他人相助之后不会主动感谢，也不会对他人的光荣事迹表示出夸赞或者表扬的意思。

综上所述，我们能够看到家庭教育对孩子成长的影响意义重大。好的教育方式会让孩子变得更加优秀，而不良的教导方式往往会导致孩子的性格缺陷。我们一定要对孩子进行良好的教育，让孩子健康快乐地成长。

 **对策**

总之,不同年龄段孩子撒谎的原因可能不同,针对不同的撒谎行为,家长不能对孩子进行全盘否定,要有不同的应对方法,关键在于尊重孩子成长规律的同时,不给孩子创设说谎的环境,引导孩子做一个诚实正直的人。

第一,形成诚信的家庭文化。孟子说过:"思诚者,人之道也。"这体现了我国传统文化对"诚"的高度重视。而个体的诚信道德能否完善,虽然与整个社会的文化环境相关,更与每个人从小生活的家庭文化环境息息相关。每个人从小生活在不同的家庭,由于幼儿时期孩子的模仿能力极强,所以在一个良好的家庭文化环境中成长起来的孩子,将来虽然仍会受到社会大环境的熏陶和影响,但他们从小所受的良好的家庭道德文化的熏陶,必将为他们的道德品质的发展打好基础并坚守底线。

第二,采取真诚友善的教育方式。孩子在幼儿时期往往会把自己真实的一面表现出来,父母应该启发孩子保持和发扬这种真诚。另外,就算孩子不小心犯错,父母要仔细询问实际情况,对孩子进行悉心教导,不可采取过度训斥、惩罚孩子的措施,使得孩子不敢承认错误。虽然父母的本意是为了教育孩子求善求真,但方式不对,其结果也会适得其反。

第三,以身作则,为孩子树立榜样。苏霍姆林斯基曾说过:父母自身的行为对孩子有重大影响。因此,父母在教导孩子不要撒谎的时候,首先要自己做到诚实,并且保持言行一致。要在日常的家庭生活中为孩子树立诚实、守信的好榜样。况且,并非所有的谎言都是不道德行为的表现,父母要正确地看待孩子的说谎行为。心理学研究发现,孩子最初的有意说谎行为具有反抗的性质,这表明孩子正处在人格发展和与父母分离的一个关键期。这就要求父母也要善于站在孩子的立场思考问题,懂得换位思考,必要时可以和孩子订立一些生活准则,互相监督,以此来培养孩子诚实守信的美好品质。最重要的是,父母对孩子做出的承诺要认真履行,务必兑现。假使由于特殊情况不能履行诺言,或者父母犯了错误时,也要向孩子道歉,勇于承认错误,并及时改正。

第八章

出现错误——怎样看待和纠正

孩子犯错怎么办？这恐怕是每一位家长都会纠结的问题。作为新手父母，在面对孩子犯错时，经常因为没有经验而做出错误的判定和处理，这也导致孩子因为对错误本身的认知扭曲形成不正确的对待方式。

实际上，父母在孩子犯错之后，最首要的是摆正心态，毕竟犯错与改正的过程有助于成长。如果能按照合理且契合孩子性格的方式来做出反应，那么不仅能及时让孩子意识到错误的发生，还能有效减少之后的犯错次数。

正确的处理和引导方式，还能帮助孩子建立正确的对错观和世界观，让孩子在今后成长中增强自身实力，并且越来越明白事理，父母也能因此获得更加轻松的育儿经历。

第一节　帮孩子认识错误

 故事

背景：妈妈是自由职业，爸爸是律师，孩子小可乐念幼儿园。

问题：孩子犯错后，面对父母和老师的批评嬉皮笑脸，而且屡错屡犯。

小可乐是个性格开朗的孩子，平时就算跌倒摔伤，也丝毫不会哭闹。因为其爽朗的个性，还在幼儿园结交了许多好朋友呢。然而，他的父母因为他个性的另一面而苦恼不已，这是为什么呢？

原来，小可乐凡事大大咧咧，这颗面对挫折的"强心脏"，在面对其所犯的错误时，却屡屡起到反面作用。

这天下午，小可乐的妈妈像往常一样去幼儿园接他放学，谁知道刚走进幼儿园大门，就接到了本月的第10次"投诉"。只见幼儿园里的一个熟识的孩子妈妈，揽着一个头发像被狗啃过的小男孩抱怨道："可乐妈妈，您总算是来了，小可乐用手工课的剪刀把我家小峰的头发剪掉一截，瞧瞧小峰哭得这大鼻涕，他还在一边幸灾乐祸呢！"

小可乐妈妈听后，赶紧赔着笑脸对小峰妈妈鞠躬道歉，等他们走远了，才带着无可奈何的表情，把小可乐牵到自己身边一起坐下。

小可乐妈妈扳着小可乐的肩膀教训道："我看你不是小可乐，而是我的小克星啊！为什么总是给我闯祸呢，真的不能消停一天吗？"

小可乐眨眨眼，道："妈妈，我没闯祸啊，一开始我们俩闹着玩，他就把我裤子剪破了，喏，你看。我怕他漏屁股，就没剪他裤子，所以我就把他头发剪掉啦！"可乐妈妈一听，简直要气晕了，当场就想揍他一顿，碍于幼儿园路边人来人往，还是作罢。

"那我问你，你还觉得自己手下留情喽？"

"对啊，我都没剪他裤子。"

"那你就该剪他的头发吗，那不更过分吗？"

"可是他先剪我的裤子啊。唉，那我明天跟小峰说句对不起好了。"

第八章 出现错误——怎样看待和纠正

……

可乐妈妈感觉自己又被绕晕了。这个孩子从小就调皮爱闯祸，最气人的是闯祸后眨着无辜的大眼睛死不认错，再怎么训他也嬉皮笑脸不当回事。长大一点后，总算还学会说一句"对不起"，哪知又走向了另一个极端，那就是他一直以为，做错了事情只要说句"对不起"就万事大吉。

可乐妈妈故意板起脸来，假装凶狠地揪了一下小可乐肉肉的脸颊，反倒把小可乐逗得"咯咯"乐起来。见状，她望向天空叹了口气，实在是不知道该拿这孩子怎么办了。

从事件中我们可以看到，可乐妈妈个性温柔，在"作恶多端"的小可乐做错事之后，她首先神经敏感起来，赶紧自己先跟别人道歉，或许正是这个原因，让小可乐始终无法自己认识到错误，还误以为只要说"对不起"就能摆脱一切惩罚。

为什么会出现这种棘手的状况？主要有三个原因。

第一，父母没有帮助孩子培养规则意识。

拒绝认错的孩子，通常在脑海中还没有建立起清晰的规则意识，他们不知道什么可以做，什么不可以做，现实生活中的千变万化让他们无法完全明白做事的边界在哪，于是屡屡犯错，甚至犯错之后，还不知道自己错在哪。父母面对这种情况，通常有两种反应。

（1）消极对待。在孩子冒犯他人之后由自己出面道歉，面对孩子因为宠爱而无计可施，孩子根本不知道自己所犯的错误以及该错误对别人造成的伤害，从而更加肆无忌惮。

（2）激进对待。有很多家长在孩子犯错之后，不问青红皂白只顾一味训斥，丝毫不在乎孩子在犯错之后的心理和情绪，只顾着让孩子低头认错，最终会让孩子不再信任父母，逐渐对人际交往产生恐惧，并产生叛逆心理，从而在下次犯错后更加拒绝认错。

第二，父母没有正确引导孩子建立对其他人的同理心。

同理心是一个重要的情感能力，如果孩子能够理解他人的情感并产生共鸣，那么很多问题从根本上就不会发生，孩子在犯错之后，也更加能够体谅他人感受而认真改正错误。

令人遗憾的是，很多父母也并不具有足够的同理心，还怎么能期待孩子无师自通呢？很多父母面对孩子所犯的错误时，无法站在孩子的角度考虑问题，也丝毫不会主动感受孩子在犯错时的情绪变化，只是按照自己的想法去"改造"孩子，而不是"教育"孩子。事实上，孩子的情感比大人更加细腻，他们对旁人情绪的感知超乎大人的想象，所以，父母一定要站在孩子的角度考虑问题，这样可以解决绝大部分问题。

第三，没有让孩子明白逃避错误的害处。

知错不改，无异于种在孩子心里的一颗毒瘤，这种无负担的"犯错行为"，会让孩子更加善于逃避错误，最终酿成无法挽救的苦果。很多孩子犯错之后，首先想到的就是逃避，而不是大大方方地承认错误、改正错误，这是人之常情，毕竟很多大人在犯错之后也会出现这种情况。父母应该在一些日常小事中，跟孩子阐明知错不改的后果，注意要与孩子的切身感受结合，这样才能产生良好的互动效果，比如与孩子一起玩俄罗斯方块游戏时，适时地告诉孩子："错误就像俄罗斯方块，不及时处理的话，就会越堆越多，游戏最终只能提前结束。"用一种寓教于乐的方式来提醒孩子该如何对待错误。

对策

面对不会认错的孩子，父母要做到以下三点，才能逐步解决问题，这三点分别是：事前提醒，事发冷静，事后反省。

第一，事前提醒。在孩子平时没有犯错的时候，父母可以事先打预防针，润物无声地帮助孩子成长，从玩游戏、吃东西等孩子感兴趣的方面，为孩子制定一些简单易行的规则，并试着引导孩子遵守。平时多采用移情的方法，让孩子能从别人的角度出发考虑问题，从而在根本上减少下一次发生错误的可能。

第二，事发冷静。人非完人，孩子更是如此，世界上没有完美听话的孩子，家长必须记牢这点，以免在孩子犯错时因情绪过于激动而无法冷静教育孩子。孩子在犯错时，家长如果表现得非常气愤，孩子会自然出现两种负面反应：一是害怕，这会导致孩子因为害怕被训斥而在今后的生活中小心翼翼，这反而更容易再次犯错，形成恶性循环。二是叛逆，有的孩子生性要强，父母越是训斥，他就越不服气，导致亲子关系出现隔阂，教育进程更加不顺利。当然，冷静不代表消极对待，在孩子犯错的时候，不能放任，这个度的把握，要具体依据孩子的性格来进行。

  第三，事后反省。孩子犯错时，我们无法了解他当时的想法，但是能够在与他沟通的过程中找到原因，并与之一同分析为什么会出现此类结果，以及这种结果会对其他人和自身造成什么坏的影响，从而引导孩子学会反省，学会站在其他人的角度上考虑问题，由此真正认识到自己的错误，并在此基础上改正错误。尽量培养孩子的同理心，注意关注孩子本身的情绪并给予理解与支持，待孩子的情绪稳定之后，再循序渐进地与孩子进行对错误的讨论和分析。

第二节　怎样对待错误

背景：爸爸是公司职员，妈妈全职带娃，孩子小月4岁，上幼儿园。

问题：孩子犯了错，家长不问缘由先责骂。

周六下午，爸爸和妈妈陪小月到小区儿童游乐馆玩耍。周末正是游乐馆人多的时候，一群小孩儿在画着卡通图案的塑胶场地上尖叫奔跑，好不热闹。小月一看到平日里的小伙伴跑过来，就立刻蹦跳着加入进去了。场地外面的一群爸爸妈妈正好乐得清闲，爸爸们纷纷掏出手机，妈妈们则你一句我一句地聊了起来。

妈妈们聊得正开心呢，突然游乐场传来嘹亮的哭声。一群家长噌地站起来，焦急地循声望去，都生怕是自己的孩子受了欺负。小月妈妈暗道不好，怕是小月又惹祸了。原来，小月虽然看起来是个文文气气的女孩，一旦有事情不顺她的心，就会立刻发火，丝毫不懂收敛自己的坏脾气。

小月爸爸妈妈连忙跑到游乐馆里，一下子就看见小月紧紧攥着拳头，小嘴使劲向下抿着，眼睛红红的。对面一个小男孩则蹲坐在地上，小胖手捂着胳膊，正哇哇大哭呢。"坏喽！"小月妈妈"身经百战"，一看就明白，小月肯定又把人打哭了！小月爸爸平时就受不了小月的臭脾气，还没等小月妈妈反应过来呢，他就迅速上前一步，把小月的小细胳膊往后一拽，蹲下就训斥小月："小月，你怎么回事？没看到弟弟不高兴了吗？赶紧给弟弟道歉！"

小月也是相当倔强，她昂起头，气鼓鼓地瞪着眼睛，愣是一眼也不看爸爸，丝毫不理睬他的训斥。小月爸爸一看这情景，更生气了，直接把小月拉过来，让她面对着自己，板着脸一字一顿地说："小月！我今天可警告你，在外面不要到处给我惹祸，要不然再也不带你出来了！"

小月一听，嘴巴一噘就开始大哭。其他家长都窃窃私语起来，被打小男孩的家长一看此景，赶紧拉起自家孩子到旁边去了。小月爸爸有点慌了，他根本不知道怎么才能让小月停止大哭，面露尴尬地站在一旁。小月妈妈一看，这

第八章 出现错误——怎样看待和纠正

可不行啊,于是赶紧上前,轻轻把小月揽到怀里,柔声安抚道:"小月不哭啊,小月不哭。"小月一到妈妈的怀抱里,倒是不发脾气了,只是哭声更响、更委屈了。

小月爸爸尴尬地被众人注视,愈加烦躁,站起来皱眉说道:"都怪你平时太惯着小月了,你看看她现在成什么样子?变成了小疯丫头!"

小月妈妈也委屈,立刻反唇相讥:"这怎么能全怪我?你平时照顾过小月几天?我还说小月都是随了你的暴脾气呢!"

分析

从故事中,我们可以看出,孩子正常的社交挫折,居然能让平时冷静镇定的父母慌了手脚——要么太激进,对犯错的孩子大吼大叫,情急之下甚至推搡打骂;要么就是太消极,认为教训孩子是暴力行为,从而拒绝一切管教。其实,这两种态度都是不可取的。

每位家长在年幼的时候也都犯过错,而那时候他们的父母,对待犯错的孩子几乎只有一个办法,那就是——打骂。与此同时,这种错误的方式也造成了一部分孩子后来的种种"阴影",当他们成为父母时,儿时的记忆就会重新翻出,印刻在他们自己的育儿行为中。

孩子犯了错,尤其是在公共场合犯错,很多家长都会先批评自家孩子以示礼貌。但是有没有想过,孩子此刻的心情是如何的呢?

小孩毕竟是小孩,考虑事情、处理冲突、管理情绪的能力还都处于稚嫩的成长期,犯些错误是在所难免的,即便是一些大人看起来很可笑、很无语的错误。

当犯错时,其实多数孩子是能够自己意识到的。在犯错的那一刻,孩子的情绪实际上是紧绷的,需要家长去安抚、引导。孩子的精神正遭受着很大的压力,不把情绪稳定之前,问题怎么能正常解决呢?

而在孩子最需要亲近的人支持的时候,父母是怎么做的呢?他们一看到"犯案现场",上来就是一通冷冰冰的指责,如果孩子正因为自己心中的委屈和迷茫而无法回答时,有些父母甚至会认为孩子正在"犯拧",从而做出更加伤害孩子的行为。这就像一个人正误入沼泽边缘，他需要有人回应他的求救，而不是一味指责他走错了方向。此时孩子的感受是什么样的呢？在自己最无助的时候，爸爸妈妈非但没有施以援手，还把自己推得更远。在这种情况下，一个正常的孩子怎么会不哭不闹呢？

虽然每个家长也都是从孩子成长为大人的，但是面对孩子时，却忘记了小孩的心理是怎样的，更不知道如何才能心平气和地与孩子相处和沟通。

按照儿童成长规律，2周岁的宝宝开始产生自我的观念，随着时间的推移，逐步开始探索自我，在这个过程中，也会出现一个比较明显的副作用，那就是——凡事以自我为中心。

所以，有些小孩就会做出一些大人无法理解的"破坏行为"，例如，自己的东西旁人不能碰，其他孩子稍微动一下就把人家打伤；做了错事却丝毫说不得，一说就要抹眼泪兼大发脾气，其他小朋友一旦不顺着他的指令去做就要发怒……很多事情其实都是小错，甚至根本谈不上错。但是，父母看见孩子的"错误"会忍不住想要纠正，情急之下，反将问题复杂化。父母强硬的态度，会让孩子越来越失望，从而无法敞开心扉去与父母进行交流，而拒绝交流则为后来的更多错误创造条件。

有些父母会通过否定孩子、树立权威来进行纠错，这更是大忌。长此以往，孩子对父母的感觉会由依恋变为害怕，从此与父母产生隔阂，在其成年以后，与父母再难亲近。不仅如此，更会影响到孩子的性格养成，令其逐渐变得懦弱、不自信，或者走向反面，变得暴力、易怒，对其将来的人生也会造成不可逆转的负面影响。

对策

孩子犯错时，父母不要着急，更不要害怕。在孩子犯错的第一时间，父母先想一想，孩子此刻的情绪是怎样的？他害怕吗？紧张吗？担忧吗？不要下意识给孩子一个预判，看到孩子没哭，别人哭了，就以为是孩子把人家打哭了，这是很偏颇的想法，如果误解了孩子，可能会造成孩子对父母的不信任。

记得给孩子一个说话的机会，让孩子站在自己的角度来叙述整个事件的经过。如果不是孩子的错，从他的表现中是很容易看出来的。如果真的是孩子的错，那么在他进行陈述辩解的过程中，愤怒的情绪已经得到了发泄，紧张愧疚的心情也已经得到了一定的纾解，在后续父母的教育中就会更加冷静地进行反省。

摸清了孩子的内心情绪之后，才能理解孩子为什么会犯错，从这个角度出发，先对孩子进行安抚，然后再思考，这算是一个错误吗？是一个严重的错误吗？需要纠错还是需要理解和包容？

如果孩子的确犯错，影响到了孩子成长或者是伤害到了他人，那么父母绝对要重视起来，用亲切而严肃的语调来与孩子进行谈话，在孩子认错之后，同他一起谈论"事情该怎么办"，让孩子借此来思考如何承担责任或解决问题。

如果事情并没有父母想得那么糟，仅仅是因孩子调皮而产生的一时愤怒，那么大可不必上心，此刻仅仅做一个简单的引导就可以了，避免因规矩太多而对孩子造成一种束缚。

第三节　培养后果意识

故事

背景：妈妈是公司高管，爸爸是小学教师，孩子小司读小学二年级。

问题：孩子做事不考虑后果，经常因冲动而犯错，总是由爸爸出面收拾烂摊子。

小司今年读小学二年级，一开学，老师就布置了新任务——画手抄报。

小司从小是个调皮好动的孩子，虽说在体育、音乐这些方面表现突出，得过不少小红花，可若是让他安静待着读会儿书、画会儿图，他就开始闹腾了：一会儿要吃水果，一会儿口渴了要喝水，一会儿又要上厕所……简直就像屁股上扎了刺儿一样，在椅子上扭来扭去，不得片刻安宁。

这天小司拿着老师发的空白手抄报，坐在儿童书桌前，皱着眉头、咬着笔头，开始冥思苦想。他一边想，一边不忘用铅笔在纸上打草稿。小司妈妈和爸爸刚好下班，回家看见小司安安静静在画画儿，面对着来之不易的片刻安静，感觉实在是太幸福了。

小司爸爸刚穿上围裙准备做饭，就听见小司房间传来了摔东西的声音，夫妻俩默契地对视一眼，赶紧跑到小司房间前敲门。一开门，就看见小司憋红的脸，再一看地上，好家伙，满地的纸屑，还有一截截"断肢"的油画棒。小司居然把老师发的手抄报纸撕掉了！

小司爸爸赶紧蹲下身来，摸着小司的头发安抚道："怎么啦儿子，老师发的纸为什么变成这个样子了呀？"小司撇撇嘴，终于忍不住哇哇大哭起来。原来，小司对自己最不擅长的画画，内心本来就带着紧张和担忧，画什么都不满意，于是就画了擦，擦了画，最后把纸弄得一团糟，活像一张抹布，于是又急又气，忍不住摔了蜡笔，又把纸狠狠揉烂撕掉。

小司妈妈一看，来了气，怒道："小司，你把老师给的纸撕掉了怎么画？明天老师又该给我打电话了！"小司爸爸用手肘轻轻拐了一下妈妈，妈妈这才气呼呼地抱着胳膊转过身去，省得看到这个场面又要忍不住发怒。

"哎！我上次给班里学生印卷子的时候还剩了几张白纸呢，咱学校用的纸都是一样大的，正好能用上！"小司爸爸一拍脑袋，立马从文件夹里拿出几张纸。"幸亏上次没扔了，就想着有一天能不能用上呢，也真是巧了！"

小司端坐在椅子上看着面前崭新的纸，拿起爸爸刚捡起来的蜡笔，刚画了两笔，就托着腮发起呆来。小司爸爸见状，实在是急得不行，干脆拿起蜡笔，帮小司打起了草稿。小司一看，赶紧跳下椅子，让爸爸坐着，脸上忍不住露出得逞的笑容。

小司妈妈早就料到了会是这种结果，深深叹了口气。

分析

从以上案例我们可以看到，小司是个脾气暴躁的孩子，事情一不合他的心意，身边的东西就要遭殃。面对着自己不擅长的手抄报，仅仅几分钟就耗尽了所有耐心，以致将纸撕碎，将蜡笔扔在地上，而根本不考虑这么做的后果是什么。

为什么小司会如此任性冲动呢？其实，很大原因在于，小司拥有一个超人一般的爸爸，会负责为他解决一切烂摊子，清除所有的后顾之忧。而他的妈妈，只能在他犯错的时候不痛不痒地训斥几句，丝毫没有任何解决办法。

为什么孩子做事情会如此不考虑后果？为什么放任自己的坏脾气到处发泄？主要有以下三点原因。

第一，孩子的神经系统正处于发育期，无法合理控制情绪。从科学上来讲，儿童在幼儿时期，其中枢神经系统发育是不完善的，主管情绪的大脑皮层部分尤其稚嫩，在控制兴奋与冲动的部分也是不成熟的，因此，一旦受到外界刺激，其情绪很有可能失控，做出不考虑后果的行为。

第二，父母对孩子的规矩教育不到位。父母对孩子过于溺爱，或者是过分严厉，而不是给孩子建立正确的规矩法则。无规矩不成方圆，虽然现在崇尚的是自由教育、快乐教育，但是完全缺乏规矩会导致孩子大脑中无法建立做事的边界，所以做事之前不会仔细考虑后果，在做错事之后也感受不到对错。

第三，父母干预过多、大包大揽，让孩子无法成长。父母虽然是为了孩子好，或者是为了给自己省事省时，看到情绪不稳、无法冷静的孩子，通常会选择亲手帮助其解决问题，却忽略了另外一个问题，那就是让孩子得到这样一个误导信息——我做错什么没关系，反正最后都有爸爸或妈妈帮我做好。经常出面帮孩子解决问题，虽然能解决一时的"烂摊子"，却会导致孩子做事之前更加冲动或者丝毫不去考虑行为带来的后果，因为他知道自己不用承担责任。

对策

那么，该如何解决这三个问题呢？其实也很简单。

第一，家长要学会引导孩子控制自己的情绪。

在孩子出现冲动、发怒等不计后果的表现时，应予以及时的提醒，让孩子逐渐熟悉自己的情绪，并逐步掌握自己的情绪。家长在看到孩子冲动犯错之后，要注意自己的情绪表现，不能成为孩子的"坏榜样"。

第二，立规矩，培养习惯。

爱孩子和立规矩之间并不是矛盾的，这两者是可以统一的。父母一定要有原则，否则对孩子的"爱"就变成了"害"。面对孩子的哭闹和耍赖，一定要坚守住底线，用坚定温柔的话语来引导孩子，让孩子明白负面情绪无法解决任何问题，由此逐步放弃这种错误的处事方式，也能因此在做事之前更深思熟虑。

当然，父母也不能随意立规矩，让孩子由此变得害怕父母、害怕家庭，这也是不可取的。

第三，家长要学会适当放手，让孩子自己把事情做好。

有时候，父母把一句话反复说一百遍、一千遍，孩子未必肯听，但是如果让孩子自己经历过一次，他对这件事情的印象反而会更加深刻，下次再遇见这种情况，孩子就有了经验，"屡教不改"的可能性就大大降低了。

因此，不要总是想着为了避免孩子受批评或者受伤害就替孩子把一切事情都想好做好，这样孩子不仅会产生依赖心理，而且性格还会变得懦弱，丧失进取心。

让孩子强化自我管理能力，父母在自己能监管到的地方，尽量将孩子力所能及、能做好的事情放权，让孩子自己做，自己承担行为的后果。

第四节　鼓励试错

背景：爸爸是医生，妈妈全职照顾孩子，孩子阿朗读小学三年级。

问题：爸爸对孩子要求非常严格，不能容忍孩子犯一点儿错误。

春暖花开，万物开始萌发生机，阿朗所在的小学又开始筹办一年一度的春季亲子运动会了。

这天，阿朗的爸爸在自己的单位请好了假，和阿朗妈妈陪伴阿朗驱车来到学校参加亲子运动会。

第一个项目便是阿郎在家练习多次的"你投我接"，阿朗爸爸对这个项目胸有成竹。作为医生的他，对任何事情都一丝不苟，不希望有事情偏离自己的预想，而且出于对孩子的爱和关心，他希望阿朗长大后能成为一个像他一样优秀的人，因此平时对阿朗要求格外严格，就连以趣味为主的亲子运动会，都和阿朗提前排练准备，以确保万无一失。

然而，孩子的事情嘛，总是千变万化，自然不会像一台手术那样精密准确。当发令枪响的那一刻，别的孩子都像箭一样飞速地奔向小篮球框，阿朗却突然被绊倒，整个人在地上摔了个大马趴，急得阿朗爸爸连忙跳起来大喊："赶紧爬起来，跑起来！快快快！"阿朗只得咬咬牙爬起来。

当别的小朋友都快投完了，而阿朗这边因为频频投不中，落后一大截。阿朗爸爸站对面开始催他："阿朗！你往这边看准了投啊，在家里不是教过你了吗，怎么一到外面就傻了？"

阿朗此刻也烦躁起来，可越烦越投不中，最后索性站着不动了，阿朗爸爸气得当即想摘下身上的篮框去揍他，考虑到面子问题，只能站在原地瞪着阿朗。感觉事情偏离了自己规划的阿朗爸爸很生气，他不明白为什么这么简单的一件事情，孩子却总是做不好？

在一旁的加油助威的阿朗妈妈看不下去了，赶紧上场抱住阿朗，一边轻轻拍打安慰，一边询问老师可不可以代替阿朗参加剩下的比赛。

老师一听，简直哭笑不得，于是对阿朗妈妈说："让孩子自己参加完剩下的比赛吧。这只是个简单的游戏，不要太紧张。"又微笑着对阿朗鼓励道："阿朗，老师相信你能做到的，平复一下心情，老师会在旁边为你加油哦！"

阿朗听闻，抿了抿嘴，努力深呼吸让自己平静下来，然后捡起地上的小篮球，站定之后瞄准、扔出。依旧没有投进。阿朗好似铁了心，又捡起一个球，稍微调整了一下胳膊抬起的角度，然后扔出。嘿，投进了！阿朗开心地跳起来，阿朗爸爸也瞬间放松了自己紧绷的表情。

分析

从案例中我们可以看到，阿朗的爸爸和妈妈分别走向了两个极端，一个过分严格，不允许孩子犯任何错误，把一切错误都看作失败，不能正确地认识到犯错的正面价值；另一个过分宽容，愿意解决孩子犯的任何错，却不加任何正面的引导教育。

案例中老师的做法，实际上是最佳的，她用亲切的语言安抚了正在因犯错而懊恼的孩子，并且用鼓励来引导孩子自己探索并完成接下来的任务。我们欣喜地看到，这种做法是最管用的，孩子最终自己找到了投篮的技巧，从而顺利地完成了游戏任务。

其实每个孩子一开始都是对生活充满激情的，会很积极地去做任何一件事，从牙牙学语、自己穿鞋，再到后来的自己学习或者帮忙主动做饭，这都是孩子在生活中积极探索实践的过程。没有人生下来就会做所有的事情，就连大人也会经常因粗心犯错，孩子自然也是一样，第一次难免做错，甚至第二次第三次也不会完全尽如人意。所以，犯错其实就是件小事，没必要太紧张。

家长在孩子不断试错的过程中，一般会出现以下两种错误的做法。

一是过分严格，即严厉地为孩子制定一系列规划，或者直接以强势的态度全权指导孩子做事，一旦看见孩子做错或者不按照自己的规划来做，就动辄打骂训斥。长此以往，孩子会从心底里感觉：为什么父母总是不满意？原来凭我自己是做不好事情的，这些事情太难了……由此产生的胆怯、懦弱心理将严重影响到孩子探索事物的积极性，甚至会由此害怕父母、抵触父母。如果孩子在父母视线以外的地方犯错,会因惧怕或害怕承担责任以及打骂等原因而下意识回避错误,这将会酿成更大的苦果。

二是过分溺爱,看见孩子犯错就忍不住上前帮助,看见孩子伤心就不忍心让孩子继续试错,想用自己的经验帮助孩子少走弯路。其实这样的后果更为严重,因为孩子从小是没有任何生活经验的,这些经验不仅仅要从书本和大人的规劝中得来,更重要的是经过自己的实践去总结,所以这是孩子成长时必须要走的弯路,只有走过这一个个的坎儿,完成了自我完善的过程,后面的道路才能更顺畅。如果不给孩子这个机会,就会出现消极、懒惰、缺乏好奇心等不好的品质,更容易导致孩子从此止步不前。

给孩子一个犯错的机会,这并不可怕。要知道,孩子犯错是很正常的,孩子本应该在错误中走出一条正确的路,父母只需要告诉他一个正确的方向。当孩子通过自己的努力将困难解决,那么这个过程将永远让他印象深刻。

如果父母总是站在孩子的对面,总是扮演一个否定、反对的角色,孩子就会自然而然地把所有的力量都用来对抗父母,那么他学习摸索的精力还能剩多少?失败和错误本应是孩子成长过程中的必经之路,他们会在挫折与反思中逐渐走向成熟,而不该是在父母的干预和指责下逐渐封闭自己学习探索的热情。

对策

一般来说,孩子所犯的错误有两种,第一种是原则性错误,对自身和其他人造成了伤害,如欺负同学、破坏公共物品等。这些情况父母一定要守住底线、坚决杜绝。第二种则是成长过程中的必要弯路,如控制不住自己的情绪、不小心破坏了东西、考试不及格等,这些都是能够改正且对其他人没有危害的。

关于试错,我们强调的是针对后者这种"错误",而有智慧的父母可以用巧妙的方法将消极局面转变为积极局面。

当看到孩子做错事,不要着急批评他,更不要棍棒交加,而是要先冷静下来,并站在孩子的角度一起来讨论这件事。这不仅能让孩子更理性地反思自己,给孩子一个说出自己想法的机会,更能降低误会孩子的概率。

如果是失败型的错误，可以进行热情的鼓励，告诉他怎么做才能做好，并从侧面给出一些建议，让孩子自主借鉴；如果是不小心闯祸型的错误，要适当地安抚，倾听孩子的情绪语言，然后再给予提醒和建议。

当然，不管是哪种错误，最重要的是引导孩子承担责任，让孩子能够勇敢地面对错误，改正错误，避免错误。

相信下次在面对这些问题时，孩子的记忆更深刻、解决问题的态度更正面、做好这件事的决心更坚定。而且这样做的另一个重要正面影响就是，它维护了亲子关系，孩子会因此信任父母、亲近父母，在生活中遇到事情也会更倾向于向父母倾诉，这也有防患于未然的作用，让问题在发生之前就得到解决。

第九章

理性竞争——平衡竞争过程和结果的意义

  竞争是社会进步和个人成功的动力，具有强大的激励力量。从达尔文的"物竞天择，适者生存"理论，甚至人类的历史来看，也可以说是一部竞争的历史。但竞争不等同于盲目攀比，一定要做到理性竞争，也就是不能因为过度看重竞争结果而忽略竞争过程的精彩与否。

  对孩子来说，他们的首要任务是向内积累沉淀，而不是向外延展扩张。每个年龄段都有自己独特的使命，这是造物者对人类最大的宽容。孩子的成长，是一个蓄积能量的过程，也是一个发掘潜力，增强未来竞争力的过程。成年人的责任则是从旁引导以期成全孩子的自我发展。

第一节　纠正攀比心理

 故事

背景：母亲是公司职员，一个人带着儿子林潮生活。

问题：学生之间攀比之风盛行，孩子不顾家庭经济状况盲目追求名牌。

林潮的父母早年离婚，林母带着孩子独自生活。母子二人的生活虽算不上拮据，但也称不上富裕。林潮一直感念母亲独自抚养他的辛苦，很是懂事，林母对此深感欣慰，便将更多的心思投入工作。

前段时间，儿子过生日，想要一双球鞋作为生日礼物。林母欣然应允，在周末带儿子去了商场。到了商场，林潮拉着母亲直奔鞋店，此时，林母才发现，儿子想要的球鞋竟是售货员口中的名牌，价格比普通球鞋贵好几倍，看着儿子爱不释手的样子，又想到生日一年只有一次，便买了下来。

没想到，时间不长，林潮又管母亲要钱买球鞋，说前段时间买的那个牌子的鞋出新款了，别的同学都买了，他也想要，并且称如果不买新鞋，都不好意思和同学一起打球。林母以刚买了新鞋为由拒绝了他，他便和母亲大吵一架，摔门而去。林母看着进入青春期的儿子，甚是头疼。

这一天，林潮和母亲之间的战争又开始了。还是因为那双鞋。

林母从鞋柜里掏出一双又一双的高帮篮球鞋，扔到地上，说道："这些不都还新着，还要买？"

林潮不想和母亲讨论这个问题，便气冲冲地进了自己的房间，试图躲掉母亲的"轰炸"。在他看来，有些话就是说了，她依然不会明白。"你让一个满脑子都是学习成绩排第几、小提琴拉得好不好的人，去理解什么是杜七（鞋子款式），什么是杜六，可能吗？"林潮给同学打电话的时候吐槽道。

林潮今年14岁。前不久，在一堂生物课上，老师对这个男孩说，14岁正值青春期，很容易叛逆，他反问老师，什么是叛逆，老师想了想，说，就是和大人想的不一样。

林潮心想，大人跟我们想的真的不一样。

第九章 理性竞争——平衡竞争过程和结果的意义

林母对自己这个一向懂事的儿子近来的变化忧心忡忡。她深知儿子这明显是攀比心理作祟的结果。

随后,她给儿子的班主任打电话说明了情况。班主任表示这也正是他所苦恼的,他经常接到家长的电话,希望学校刹一刹攀比风,别让孩子再折磨家长了。老师听后通常会用一种委婉的方式表达这样一种意思:请你们在家里好好教教孩子,不要把攀比的风气带到学校来,不然也会影响其他同学。

林母听了学校里的情况一时犯难,不知道该如何是好。

从上面这件事我们可以看出,青少年时期的孩子,更容易受到周围同学和环境的影响,产生攀比心理。那么,什么是攀比心理呢?

攀比在心理学上被界定为中性略偏阴性的心理特征,也就是个体发现自身与参照个体发生偏差时产生负面情绪的心理过程。在上面的故事中,林潮发现了自身与作为参照的同学之间的偏差,即别的同学都有新款球鞋,只有他没有,从而产生了一种负面情绪,觉得自己不好意思和同学一起打球,这种心理过程,在心理学上称之为攀比心理。

客观来讲,攀比心理分为正性攀比和负性攀比。众所周知,正性攀比指的是正面的、积极的比较,是一种受理性意识驱使的正当可行的竞争。这种正性攀比往往能够激发个体积极的竞争欲望,从而产生克服困难的动力,有利于推动个体自身的发展;相反,负性攀比是指那些消极的、伴随有情绪性心理障碍的比较。这种比较会使个体钻入思维和情绪的牛角尖,从而产生巨大的精神压力和极端的自我肯定或者否定。

在上面的故事中,林潮与同学关于球鞋的比较正是这种负性攀比,他想要新款名牌球鞋,不是因为球鞋是他自己想要并且需要的,而是因为别的同学都有,怕自己没有会丢面子,这是存在于青少年之间的一种典型的负情绪比较。由此可知,负性攀比最大的问题在于缺乏对自己和周围环境的理性分析,只是一味地沉溺于攀比中无法自拔,既不利己也不利人。林潮同学没有对自己实际的家庭情况和周围环境做出理性的分析,只是一味沉溺于和同学之间的负情绪比较中，既不利于自身的成长，又在与母亲的争吵过程中伤害了母子感情。

那么，究竟为什么会产生攀比心理呢？

第一，渴望被肯定。处于青春期的少男少女都非常渴望得到认可、关注和赞许。他们已经开始渴求自我价值。然而，由于缺少正确的引导，很容易误入歧途。林潮自小和母亲独自生活，再加上母亲忙于工作，内心深处比一般人更加渴望得到关注和认可。

第二，从众心理。很多青少年担心自己被孤立，于是大家怎么做，他们就会学着去做。上面故事中林潮看见同学都有新款名牌球鞋，自己也想要，希望通过这种方式来融入同学圈。

第三，虚荣心理。虚荣心理，实际上是一种超越自我客观价值的自我虚构。换句话说，即过分在意他人对自己的看法和自身在他人心目中的形象。攀比心理往往是以"自我"和"虚荣"为基础的。

从上述故事中班主任的话可得知，学生之间的攀比现象在学校比较普遍。青少年又是极易受环境和同伴影响的群体，所以这种负情绪的比较和竞争更容易在校园和班级里传播，如果家长和老师不加以正确的引导，会给学生的个人成长带来消极的影响，破坏学校学习氛围，也会增加家庭的经济负担。

综上所述，负性攀比心理有害无利，学生和家长以及学校都应该引起重视。

对策

第一，不要盲目攀比。要正确地认识自己，也要正确地看待他人和环境的变化。不可否认，比较是人们获得自我认识的重要方式，但是关键是要比较得法，要与有可比性的人或事进行比较，切勿盲目攀比。

第二，要有正确的自我认知和定位。青少年时期是一个人一生中的关键时期，但因为这个时期的孩子大多心智不够成熟，若是没有正确的自我认知和自我定位，很容易迷失自我。在这个阶段，孩子们的主要任务是学习，老师和家长应该齐心协力帮助孩子认识到学习的重要性。让孩子们知道，精神世界的强大比外在的穿衣打扮更加重要，强大的精神和自由的灵魂是不受外在束缚的。

第三,树立适度的消费观念。适度消费就是自己的消费要与家庭经济条件相匹配。青少年时期的孩子其消费追求更应该在身体发育需要的营养饮食、培育智力需要的有益书刊等方面。至于穿着打扮力求舒适简约和满足自身需要。而基于攀比的消费,不是出于实际需要,除了造成财力物力的极大浪费之外,还会对孩子的心理以及其他方面造成不良影响。

第四,尽可能进行纵向比较,减少不必要的横向比较。比较又可以分为纵向比较和横向比较。纵向比较是指个体拿今天的自己和昨天的自己进行比较,找到长期的发展变化,以进步的心态鼓励自己,从而建立属于自己的希望体系,形成独特的发展体系,帮助个体树立坚定的信心和明确的自我认知。而横向比较是指个体与周围人的比较,适度的横向比较有利于个体发现自己的不足,但过度的横向比较容易使人陷入比较误区,产生负性攀比。

第五,增强个人实力,克服负性攀比。负性攀比的产生还与个体自身的实力与期望值达不到均衡水平而导致的自信心缺失有关。因此,增强自己的综合实力,有利于战胜负性攀比造成的心理障碍。而且,实力强大的人,往往不太容易受环境和他人的影响,也不会过分追求他人的关注和认可,因此,很难产生负性攀比心理。

第六,家长和老师做出正确及时的引导。家长和老师应该密切关注孩子的心理变化,并且对孩子的负面情绪加以正确的引导和疏通,以便将攀比心理扼杀在萌芽状态,共同呵护孩子心理健康。

第二节　降低期望，学会放弃

故事

背景：父亲是公司职员，母亲是公务员，孩子王佳楠上初三。

问题：父母望子成龙，对孩子期望过高，孩子自身也事事力求最好，最终压力过大，情绪崩溃。

王佳楠是育才中学珍珠班的一名初三学生，她成绩优异，又聪明过人，深受大家喜爱。而且在学习好的同时，舞蹈乐器、奥数英语等各种兴趣班一个也没落下。

在学校里孩子们都很羡慕她，也很喜欢她，老师对她也很看好，处处委以班级之重任。在家里父母对她要求严格，上到学习成绩，下到餐桌礼仪，都有严格的规定和要求。从小就是邻居亲戚朋友口中别人家孩子的佳楠，自我期望也比一般人要高。

随着社会的发展和人类的进步，人们面临着通过各种各样的竞争去获得优质资源的压力，升学竞争就是其中较为重要的一类。

这天，学校又开始了中考前的一次模拟考试。这次考试跟寻常考试不一样，年级前三的同学有机会获得保送本市重点高中的资格。这所市重点高中是本市实力最强的学校，这所学校的学生百分之九十考上了全国重点"985""211"大学，所以全市的初中学生都挤破了头，削尖脑袋想往里钻。因此这次考试对学生们来说至关重要，不但能保证学生考入重点大学，还能给学生带来荣誉感。

早上的考试进行到一半的时候，同学们都在埋头苦答，教室里安静得只有唰唰唰奋笔疾书的声音。此时模范三好学生王佳楠同学却坐立不安，时而抬头看老师，时而转头看同学，豆大的汗珠子从脸上滑落。监考老师是认识这位品学兼优的同学的，看到此状，有点疑惑，便抬脚走向王佳楠的座位，这一看，吓坏了王佳楠，手一抖，一张纸条便掉在了地上，把监考老师惊呆了，好学生也作弊吗？

接着，就见王佳楠哭着跑出了教室。

半个小时后，王父王母看着抽噎的女儿，在班主任办公室如坐针毡。接到班主任电话的那一刻，他们满脸的不可思议和难以置信，大声地跟老师理论着，打死也不相信自己的女儿会作弊。班主任也很困惑，按说以王佳楠的成绩完全可以凭自己的实力争取这个名额。

"你自己跟老师说，说你没有作弊！"她母亲指着女儿说道。

"你跟老师说实话，不要怕，也不要隐瞒真相。"班主任在旁补充道。

王佳楠低着头一声不吭，过了一会儿才哭着说："我错了老师，我承认我作弊了，我一时鬼迷心窍。"

她母亲一听这话作势就要冲上来打她，被办公室的老师们拦住了。

"你为什么要作弊？"她父亲恨铁不成钢地吼道。

王佳楠停止了哭泣，扯着嗓子回答道："还不是你们逼我的，说我这次考不了第一名就取消我的暑假旅游。你们总是这样，从小到大，不问我的意愿，逼我做这做那，做不好就威胁我惩罚我，你们什么时候考虑过我的感受？"

说完便跑了出去。留下一干人等面面相觑。

最终学校对她做出了处罚，取消了保送资格。

王佳楠后悔不已，却已无法补救。

分析

从上面的故事中我们可以看到，由于父母过高的期望，给孩子带来了巨大的压力，这种无形的逼迫造成的结果往往适得其反。

我们知道期望本身是指人们对某样东西提前勾画的一种标准。也就是说，我们对人或事物的未来有所等待，有所希望。从本质上来说，期望是一件很美好的事情。但是期望也讲究适度原则，过高的期望带来的结果往往不太美好，甚至可以说是不如人意。这种期望过高不仅表现在父母对孩子，还表现在孩子自己对自己的期望过高。为什么会期望过高呢？期望过高会产生什么影响呢？

第一，期望过高在某种意义上是由于家长观念的转变，随着社会的进步，家长对孩子的期望也越来越高了。

第二，是家长的补偿心理。也就是说父母对孩子的期望已经超出了孩子自身在将来的发展，父母不但希望孩子能达到他自己在世俗意义上的成功，而且还希望孩子能弥补父母人生中的缺憾和不完美。

第三，家长对孩子的实力和意愿缺乏客观的了解和评价，盲目地对孩子抱有过高的期望。

第四，同亲友、同事的孩子进行比较，生怕自己的孩子落于人后。父母之间的盲目攀比，给孩子产生了极大的压力，也使得孩子不得不提高对自己的期望，最终就像故事中的主人公一样害怕面对期望与现实之间的差距而情绪崩溃。

过高期望会对孩子的学习产生一些积极的影响，会让孩子痛定思痛，坚定信心，努力提升自己，给自己动力和压力。但总体来说，过高期望对孩子的身心各方面产生的消极影响更多，主要表现在以下几个方面。

第一，期望过高会导致孩子心里焦虑，焦躁不安，烦躁易怒，甚至引起身体上的疲劳、失眠、做噩梦等。

第二，期望过高使孩子丧失自信心。在孩子尚小的时候，对自己的评价基本上来自大人的评价与期望。由于期望过高，脱离现实情况，会使孩子经历一次次的失败，慢慢变得自卑、消沉，从此丧失信心。

第三，孩子不满父母的过高期望产生对抗心理，从而引发严重的亲子冲突，恶化了亲子之间的情感。

第四，期望过高不利于孩子良好品德的形成。家长的过高期望，会使孩子为了推卸责任，出现一些撒谎的行为，如同故事中的主人公由于害怕惩罚而不惜作弊，长此以往，势必会产生品格危机，进而影响孩子良好品德的形成。

对策

过高的期望不利于孩子的发展，所以我们要采取必要的措施来降低期望，学会适度放弃。

首先，要做到真正了解你的孩子。俗话说，世界上没有完全相同的两片树叶，更何况人呢？每个孩子都有自己的特点和性格，他们的兴趣和所擅长的领域也因人而异。然而，在对孩子的期望这件事情上，有的父母往往会忽略这一点，强迫孩子去做不适合他们的事情，费时费力，结果却是一场空。正如上述故事中的主人公王佳楠，她父母对她期望极高，最终导致她压力过大，陷入了负面情绪中。此时家长就要及时调整期望值，学会有所放弃。

其次，家长要清楚孩子有自己的人生，没有帮助家长实现梦想和弥补缺憾的义务。做父母的，往往会忽略这样一个事实，即孩子有独立的人格，有属于自己的人生和使命。父母要学着尊重他们，在从旁引导的同时切记避免强加自己的意愿。正是那人生中的这些缺憾，才使得我们学着去珍惜人生，因此父母应该放弃让孩子具备自己所欠缺的特质和实现自己未能如愿的梦想的想法。

再次，家长要避免与他人进行盲目的攀比。自古以来中国人就有过年过节把亲戚朋友家的孩子放在一起比较的"传统"。适度的比较有激励孩子进步的作用，但是盲目攀比百害而无一利。

最后，孩子和家长要认识到，成功的路不是只有一条。腰缠万贯是一种成功，学富五车也是一种成功；名利双收是一种成功，淡泊一生也是一种成功。成功没有具体的道路，也没有统一的规定。对我们来说，若无惊天的才能和远大的抱负，那么体格强健，生活幸福也是一种成功。

综上所述，在生活压力渐增的今天，我们更要降低期望，学会放弃。人各有异，成功百种，我们没有必要复制他人的道路，让过高的期望毁了自我的追求。

第三节　让孩子学会减压

 故事

背景：父亲是工人，母亲是家庭妇女，孩子刘越上高三。

问题：孩子压力过大，不知道如何减压，导致考试发挥失常，酿成悲剧。

刘越是家里的独子，今年上高三。父亲在城里做农民工，干着最辛苦的活，挣着只够养家糊口的钱，供他在县城里读书。母亲一直在家里种着两亩薄田，同时还要操持家务，照顾老人和刘越。

刘越成绩不错，又学习刻苦，父母很是以他为荣，希望他将来能考上重点大学，走出农村，既能摆脱现有的贫苦，也能光耀门楣。

这是刘越高三最后一学期了，是高考复习冲刺的关键时段。母亲放弃了那两亩薄田，来到县城里给儿子做饭，照顾儿子的起居，以便儿子能节约更多的时间用在复习上。这就使得家里的经济负担压在了父亲一个人的身上。母亲为了分担经济压力便在县城里的一个饭馆里寻了一个洗碗打扫的活，老板念其儿子正值高三，便允许她在学生放学之前回去做饭。工资虽低，也能补贴家用，能有钱帮儿子补充营养，刘母也就心满意足了。

这天晚上刘母回到娘儿俩所住的简陋出租屋里，等啊等，本该下晚自习回来的儿子却迟迟不见踪影。半个小时过去了，还不见儿子的身影。正准备出门寻找，却见远处一团黑黑的影子摇摇晃晃而来。刘母急忙走上前去，却发现平时乖巧懂事的儿子竟然一身酒气，手里还提着一个空酒瓶。

她急忙问道："这是怎么了呀？还喝酒了。"

儿子哭道："我这次模拟考成绩又下降了。我觉得压力很大，妈，考不上怎么办？"

刘母一遍遍说着："你一定可以的，儿子。"然后扶着儿子进屋去了。

这是刘越这么多年来第一次喝酒，刘母有点担心，母子俩一夜未眠。第二天刘越还是像没事人一样去上学了，母亲有心安慰儿子几句，但又嘴笨不怎么会说话，只是干着急。

第九章 理性竞争——平衡竞争过程和结果的意义

随着忙碌的复习，时间过得格外快，转眼就到了高考的时候。虽然老师说他成绩肯定没有问题，但刘越还是担心，他想，自己一定要考上，他没有退路，只能考上。

可事不如人愿，他感觉这次考试是他这么多年考的最差的一次。考完最后一门的下午，刘越没有参加班级聚会，带着母亲回了家，回家之后消极地蒙头大睡了几天。

终于，成绩出来了。刘越的成绩很不理想，他由于太过紧张而发挥失常了，没有考上重点大学。他想，果然人生不是电视剧，最终还是没有圆满的结局。

他想起父母在烈日下干活的样子，心如刀割，自愧无能，觉得自己终究是辜负了他们。

刘越一时想不开，举身赴了清池，把无边的痛苦留给了二老。

分析

上述故事中的主人公刘越心里背负了太多东西，他把全家人的命运都压在了一次考试上，最终压力过大，紧张到发挥失常，又因为心理压力而走上不归路。由此可见，压力过大不仅不会激励孩子前进，反而会阻碍他们向前。所以，压力过大在某种程度上来说是一种负担。那么，孩子们为什么会产生压力呢？

第一，父母期望太高。当父母把所有的希望都寄托在孩子的身上时，他们就会感到压力很大。故事中的主人公刘越，他父母将改变家庭命运的希望全部压在了儿子身上，导致孩子压力过大。而且，当他压力特别大的时候父母又没有及时帮其疏通，而是反复强调孩子可以，进一步增加了孩子的心理负担，可见孩子产生压力和家长是相关联的。

第二，孩子自增压力。孩子所处的环境，各种条件与他人相比比较差，这样自尊心容易受到伤害，且比一般人更看重结果的好坏，自我增加压力。刘越家庭条件不好，在父母对他期望过大的同时自己也将这一负担扛在了肩上，认为自己只能成功不能失败，没有退路，这样一来，压力更大。

第三,自身心理问题。孩子压力大的原因,可能是因为受到某种刺激造成的心理问题,因此形成的压力。从上述故事中我们可以看到刘越将所有的压力都藏在心里,久而久之,藏之不住,一朝爆发,后果严重。

第四,环境影响。从上文可知,由于刘越所处的环境局限,使得他自以为高考是自己唯一可以翻身的机会,把所有的筹码都压在高考上,又无人从旁引导,陷入负情绪中无法自拔,最终压力越来越大。

从上面事例我们可以看出,压力现在已经成为孩子成长道路上的一只"拦路虎",既对孩子的心理造成了伤害,也不利于孩子的身体以及各方面的综合发展,所以,让孩子减压事关重大,刻不容缓。

对策

关注孩子的思想状况。父母应该多关注孩子思想方面的变化,比如孩子是否陷入压抑、焦虑、浮躁、不安等负面情绪中,及时发现,及时沟通,在孩子进入思想盲区的时候加以引导,帮助其摆脱思想困境,走出阴郁,缓解压力。

倾听孩子的心声。对孩子们来说,倾诉也是一种很好的解压方式。对父母而言,也可以通过倾听孩子的心声来了解孩子们的所思所想。有人说语言是世界上最伟大的发明,因为每一句话、每一个词语所表达的喜怒哀乐,都能让人感同身受。所以,只有倾听孩子的心声,与孩子及时交流,了解孩子的喜怒哀乐,才能在为人父母的同时,也为人友伴,这样更有利于减少孩子的压力。

教导孩子直面压力。当孩子因为考试失利,受到老师批评、同学孤立等挫折,感到压抑、不安、焦躁甚至恐惧时,父母应该及时开导,并让孩子明白人生道路并不平坦,未来会面对更多的困难和阻碍,要坦然接受并直面压力。就像鲁迅先生曾经说过的,"真正的勇士敢于正视淋漓的鲜血,敢于直面惨淡的人生!"

调整自己的心态。父母要做到心态平和,从孩子的实际情况和兴趣爱好出发,为孩子设立一个可以达到的目标,做到张弛有度。这样既能激励孩子为自己的目标勇往直前，又能避免孩子因为压力过大而产生厌弃心理。

　　孩子也要保持乐观。俗话说，车到山前必有路，船到桥头自然直。所以，要保持乐观良好的心态，积极面对人生中的各种困难。我们不希望万事顺遂，只希望当苦难和挫折来临时自己可以有与之抗衡的能力和勇气。

第四节　做好受挫心理疏导

背景：父亲是记者，母亲是自由职业，孩子冯一上小学四年级。

问题：孩子受挫能力低，遇到挫折就想后退，失败后会产生懊恼、生气等情绪。

冯一同学今年上小学四年级了，是这片社区远近闻名的乖乖女。因为家里只有这么一个孩子，所以父母和四位老人都很宠爱她。对于她提出的要求，只要不是太过分，一般都不会拒绝。

冯一性格内向，安静内敛，又懂事乖巧，夫妻俩虽然担心女儿的性格在这个竞争激烈的社会里难以生存，但是想着她还小，况且还有他们保护，觉得将来长大了，经历的事情多了，也就慢慢好了。

谁知，上幼儿园时，刚上一周冯一就不愿意去了，不管父母怎么说，就是不愿意出门。后来在他们的逼问下，才哭着说幼儿园没有小朋友愿意和她一起玩，老师也不喜欢她，所以她不想去幼儿园了。他们打电话到幼儿园跟老师了解情况后才知道，冯一在学校很腼腆，基本不参加小朋友们的小活动，老师为了锻炼她便会在集体活动的时候重点关注她，也会经常提问她，所以她以为老师不喜欢她。而且在之前的活动中，她想要和班里一个男同学组队，结果那个小男孩说自己有小伙伴了，拒绝了她。很少被人拒绝的小冯一就有点接受不了，对上幼儿园产生了抵触情绪。

如今冯一已经小学四年级了，正值六一儿童节，学校里要举办晚会。冯一的班级决定表演话剧，班主任说想参选女主角的同学都可以报名，最终会选出一位最适合的同学。凑巧这部话剧是冯一最喜欢的话剧之一，她曾经无数次幻想过自己是这部剧的女主角。回家告诉父母后，父母觉得女儿气质温婉，很适合这个角色。再加上，孩子自己也特别想参加，于是鼓励女儿报名参加。

于是隔天冯一也报了名。

班里决定于周五下午确定人选。周四晚上，冯一正在紧张地背着台词，在自己的房间里一遍遍练习，她希望明天早点到来，又害怕明天自己选不上，心里七上八下的。

这时她母亲端着一杯牛奶推门而入，看着认真记台词的孩子，说道："我和你爸爸了解过这部话剧了，觉得你很适合这个角色。加油哦！"

冯一听了母亲的话更加坚定了拿下这个角色的决心。

第二天下午选拔表演如期举行，参加选拔的女孩儿有六七位。

轮到冯一的时候，她紧张得心都要跳出嗓子眼了。深呼吸过后，冯一便硬着头皮开始了她的表演，性格内向的她，除了稍微有点放不开之外，台词很流利，结束之后，她还是听到了同学们热情的掌声。

其实，冯一本就性格内向，今天站上讲台的所有动力都来自她对这个角色的热爱。

结果，班主任在肯定了所有人的表演之后，宣布班里的另一位女生当选。这位女同学小小年纪，不但台词流利，表演也很富有感染力。

听到这个消息后，小冯一觉得很难过，明明自己努力了呀，怎么会这样？一时难以接受，便哭着回了家。

她父母看着哭着回来的女儿，安慰了几句就作罢了，想着过几天就好了，谁承想，新的一周开始了，孩子竟然连学都不想上了，把自己关在房里不出门。

她父母这才意识到孩子这样下去根本不行。

现在有点小挫折就不去学校，将来遇到挫折就逃避，难以接受，那该如何是好？

分析

上述故事中的主人公是一位小学四年级的小姑娘，从上面的叙述中我们可以看到，她从小在人际关系交往和学业等一系列活动中一遇到挫折就想逃避，对失败难以接受，这表明她的抗挫力非常差。在心理学领域，抗挫力指的是心理承受能力，也就是心理弹性。抗挫力低也就是心理弹性小，主要表现在不肯面对失败，失败过后会懊恼、生气甚至攻击他人，面对新事物不敢尝试，轻而易举就说我不会,不能适应各类新环境或者对环境的改变一时很难融入,容易冲动,自控能力差,特别是情绪掌控能力不佳等。

心理学家研究指出,当人们遇到挫折时,高达 90% 的人会选择五种反应:攻击、退化、压抑、固执与退却,而正面思考者的比率低于 10%。

那么,抗挫力低是什么原因造成的呢?

第一,对孩子过度溺爱,小心保护,基本上不拒绝孩子的要求,使得孩子很少经历挫折,自然抗挫力也就低了。就像故事中的小女生,两代独宠,保护过度,一旦遇到挫折就表现出难以接受的负面情绪。

第二,父母对孩子期望过高,给孩子带来了心理压力,于是更加看重结果,对失败往往难以接受。

第三,在家过度以孩子为中心,这样的家庭里成长的孩子,几乎没有经历过挫折和失败,以致在学校甚至将来进入社会时心理承受能力更弱,抗挫力更低。

第四,父母的鼓励不够或者过度鼓励。父母鼓励不够会导致孩子没有自信心,越没有自信心,越容易失败,受到的伤害越大,抗挫力也就越低。而父母鼓励过度,会让孩子以为自己胜券在握,一旦失败或者遇到挫折,心理落差更大,也就更加容易情绪崩溃。

第五,许多父母都认为,孩子心理承受能力差,应该对孩子保护有加。当父母发现自己的孩子遇到挫折就逃避,对失败表现出难以接受的举动时,应该及时沟通,让孩子明白,每个人都会遇到很多挫折,只要我们勇敢面对,越挫越勇,就会变成一个强大的人;而不是给予更多的保护,这样只会让情况更加糟糕。

随着社会竞争的愈发激烈,这就要求我们每个人都要提高自己的心理承受能力,增强抗挫力。而孩子们在这方面更加薄弱,这就要求父母要做好受挫心理疏导。

对策

第一,父母要树立挫折教育意识,认识抗挫教育的重要性,不要刻意回避。通过挫折教育,使孩子具有挫折意识,并且认识到挫折本身并不可怕,可怕的是逃避挫折。心理学家马斯洛曾经说过:"挫折未必总是坏的,关键在于对待挫折的态度。"

第二,把握挫折教育的时机,帮助孩子正确理解挫折。孩子一旦受到挫折和失败,父母要及时沟通,及时做好心理疏导工作,以免对挫折的害怕和恐惧持续发酵,最终一发不可收拾。这样对孩子造成的心理伤害更大,也不利于孩子日后的成长。

第三,教导孩子正确对待失败。失败是成功之母,失败并不是一文不值。众所周知,伟大的科学发明在成功之前要经历无数次的失败,如果科学家们也恐惧失败,害怕挫折,那么科学就不会取得今天这样辉煌的成绩,社会也不会进步。因此,正是因为挫折和失败,我们才更渴望成功,也更加有机会走向成功。

第四,对孩子的期望应合理,让孩子能正确地评价自我。寸有所长,尺有所短。每个孩子都有自己擅长或不擅长的地方,父母应该帮助孩子做出正确的评价,让孩子发现自己的所长之处,以便取长补短,避免不必要的失败。

第五,鼓励孩子克服困难,培养他们抵抗挫折的勇气。当孩子遇到困难和挫折时,父母应该鼓励孩子克服困难,对抗挫折,以培养孩子对抗挫折的信心和勇气,提高孩子的抗挫力。

第十章

传递责任——把责任感交给孩子

小孩子的生活无忧无虑，但他们总有长大的一天。特别是男孩子，将来成家立业，要作为一家之主担负起整个家庭的责任，而责任心，并不是长大之后就会出现的，应该从小培养，由家长灌输给孩子应该有的那份责任心：自己的事自己做，学会担当。

家长们往往舍不得孩子承受压力，或不懂得传递责任给孩子。家长们一直替孩子默默承担，只会让心爱的孩子在将来骤然面对生活和工作的压力，担负起陌生的责任，那又会是怎样的不适呢？倒不如提前让孩子适应，让孩子承担责任。

第一节 让孩子承担责任

 **故事**

背景：爸爸是工程师，妈妈是老师，孩子小木念幼儿园。

问题：孩子犯错后，父母一味地包庇和替他解决问题，不能让孩子自己认识到错误。

小木今年读幼儿园中班，是个很活泼的小男孩。周三下午最后一节课的时候，老师带他们到院子里一起做游戏，一群人嬉戏打闹很是愉快。

正当大家都非常开心的时候，小木和另外几个小伙伴突然起了冲突，其中璐璐说道："这是我的东西，我不想给你玩。"

"我们是同学，我想玩了你就给我玩一会儿嘛。"

"我就是不想给你玩，给你了我自己玩什么？"

"不给就不给，小气鬼。"小木一边说一边推了一下璐璐。之后璐璐就哭了起来。

老师急忙过去查看情况，并调节矛盾，但两个孩子谁都不愿意让步，老师只能等放学的时候和他们的家长说明情况。

放学小木和璐璐的家长来接他们回家的时候听老师说了在学校发生的事情，小木的妈妈感到很抱歉："真不好意思，给你们添麻烦了，我会好好教育他的。"

"今天的事情确实是小木的错，但我和他说了好久都没用，所以你们做家长的还是要多教教他这方面的道理。"

"其实小木在家挺听话的，可能是今天他太想玩那个玩具了才会这样的，他下次不会了。"

老师见状，觉得和小木妈妈无法进行有效沟通，也就不再说什么，"好的，那小木妈妈再见。"

回家的路上小木的妈妈停下脚步询问小木为什么要这么做，小木回答道："不关我的事，是她自己太小气了，不愿意把玩具给我玩，还那么爱哭。"

小木妈妈教训道:"以后自己想玩什么就从家里带过来,不要总是去玩别人的,别的同学既然带过来了,那就说明她也很喜欢玩啊。"

小木:"那我下次不去玩她的玩具不就行了,你就不要一直说我了。"

"好好好,我不说了,下次不要再和同学闹矛盾就可以了。"

"今天的事又不怪我,我又不知道她不愿意给我玩,我要是知道我就不要了。"

"好了,今天的事情就到此为止,我们回家吧。"

小木妈妈叹了口气感到很无奈,这孩子一直都很听话,就是偶尔犯了错误不知道承认,总喜欢把责任归咎到别人身上,也不知道该怎么和他说清楚这个道理。

故事中的小木是个听话的孩子,就是在偶尔犯错的时候无法认识到自己的错误,只会一味地把责任推到别人身上,而妈妈在自己的孩子犯错之后,第一时间去帮他辩解,不能清楚地认识到这个年纪的孩子应该承担的责任,这一系列的处理方式,让小木没有危机感,总觉得错不在自己,也不用自己去道歉。

为什么会造成这种结果呢?主要有以下几点原因。

一、父母没有帮助孩子明确什么是责任

父母是孩子的第一任老师,对孩子今后的生活有很大的影响。而对于孩子来说,很多新的概念在他们的世界里都是一种无知的存在,需要父母细心地解释和引导,通过言传身教,在潜移默化中影响他们,使他们朝着正确的方向成长。

在这个问题上,父母从小就应该让孩子清楚什么是责任,哪怕一开始他们"不求甚解",也要逐步地让他们接触这一概念,这样才能在今后遇到问题的时候便于和孩子解释和教导他们,不致像小木妈妈一样遇到责任和问题时"无从下手"。

二、父母没有让孩子养成认错的习惯

现在社会很多父母教育孩子都有一大通病"认为孩子还小,不懂事,很多东西不急着去让他们做",但我们要清楚的是,人在不同的年纪所要懂得的道理是不同的,所要承担的责任也不同。所以,父母就要让孩子从小学会犯错以后能够正确认识到自身错误,不能听之任之。

小的时候孩子可能不明白什么是责任,父母就需要首先让他们知道自己在什么情况下是做错了,然后再一步一步地教育他们做错了以后应该反省自己并且要怎么弥补这个错误。

三、父母没有让孩子认识到逃避的后果

当孩子做错事时,父母不能因为孩子还小就对他的错误熟视无睹,这容易让孩子产生这没什么大不了的错觉,这样他既不懂得承担责任,也没有把这件事情放在心上,当下次再遇到此类事情的时候还是容易犯错,所以父母要对孩子的错误进行一个说明,让孩子知道这样做的后果,引导孩子承担后果,这样孩子才能有一种承担责任的意识。只有及时纠正他们的这种错误行为,才能在下一次遇到问题时让他们想起上一次逃避的后果,从而自觉避免这种逃避行为。

对策

父母面对孩子习惯性逃避问题的行为,不能视而不见,当孩子犯了错后,也不要急于包揽所有责任,要让他们清楚该如何解决这一问题,该如何承担起这份责任。让孩子承担责任的具体措施表现在事前教育,事中引导,事后反省。

事前教育。每个孩子都是父母捧在手心儿的宝,所以很多父母都会因为孩子还小、心疼孩子等而把教育拖后,这其实是非常不利于孩子成长的。要想让孩子有责任感,就要在日常生活中,在不经意间给他灌输责任的概念,如果孩子平日里犯了错,要让他们自己去处理,感受你给他们讲的做错事就要承担责任的道理。任何事情的发生都是有发生前提的,父母要在问题发生之前就让孩子了解这类事情所对应的道理,不能让他们对出现的问题有无所谓的态度,从而起到预防针的作用。

事中引导。遇到问题时,孩子可能由于年纪过小而无法在短时间内找到合适的解决办法,也无法正确地承担这份责任,这时候父母就要起引导作用,为孩子指明正确的方向,让孩子自己去面对这个问题,并且朝着这个方向去思考解决的方法,而不是让他们永远活在父母的羽翼之下。只有这样孩子下次再遇到此类问题时才可以吸取上次的经验与教训,从而直接面对并且解决问题。

事后反省。当一件事发生并解决以后,父母不能认为这件事就这样过去了,此时对孩子来说是一个很好的教育机会,远比纯口头教育给孩子的印象要深,所以父母一定要把握好,给孩子讲述这件事中所体现的道理,让他们认识到这件事中的哪些行为是不好的,如果你是对方希不希望得到这样的待遇,使他们学会换位思考。询问孩子从中学到的东西,对此次问题的自我反省,以及下次遇到类似情况的做法。

第二节 自己的事自己做

故事

背景：爸爸是老师，妈妈是全职太太，莹莹是小学四年级的学生。

问题：不愿意自己动手，父母总是帮她解决生活中的各种事情。

莹莹是个正在上小学四年级的学生，平时妈妈的所有精力都在她身上，任何事情都尽量做到亲力亲为，觉得孩子还很小，自己照顾她、替她做事情是理所应当的。但正是这种情况使莹莹对妈妈的依赖性非常强，不管大事小事，只要能让别人做的绝对不自己做。

一天，在学校上课的时候，老师让班级里所有的同学去图书室把自己的书搬过来，但莹莹觉得搬书太累了，在家里都不用自己这么去做，就不愿意去，于是就去找老师商量，非要让老师找其他的同学帮自己搬，老师很无奈，和莹莹说："每个同学的待遇都应该是一样的，而且其他的同学都去了，说明你也可以做到的。"但莹莹就是不愿意自己去做，于是就自己去找同学帮忙。可是每个人的书都不少，大家都不愿意帮忙，还有人说莹莹太懒了，于是莹莹就和同学起了冲突，甚至和一个小男孩吵了起来，最后还哭了，说大家一起欺负她，老师哄了好久都没有用，无奈之下老师只能给莹莹的妈妈打电话。

妈妈到学校以后就向老师解释："我家莹莹在家没干过这些事，所以难免不愿意去做，还请老师多担待。"

"没事的，我只是觉得让同学们去图书室把自己的书拿过来可以教给他们自己的事情自己做的道理，给他们一个锻炼自己的机会。"

之后妈妈去帮莹莹把书搬到了教室，告诉老师以后如果有需要就打电话给她。还替莹莹向老师和同学们道了歉，带着莹莹回家了。

回家以后莹莹向妈妈抱怨道："他们真的是太不友好了，帮我个忙都不愿意，居然还生气，真是小心眼！"

"我家莹莹没干活过妈妈懂得，可是以后也不能和同学吵架，懂了吗？"

"知道了，那我下次想让他们帮忙时态度好点呗。"

妈妈听了以后叹了口气，"你们都还小，以后尽量我来帮你吧"。其实现在莹莹已经不小了，很多事情她已经可以自己去做了，但是她从小就没有养成自己动手的习惯，现在一时半会儿也改不过来，所以妈妈也是有心无力。

故事中的莹莹从小娇生惯养，在妈妈的"悉心照料"下长大，但正是过度的呵护使得年纪已经不小的莹莹做事任性，自己犯了错也觉得理所应当，因为总有妈妈在前面替自己挡着。孩子小的时候，父母多照顾些孩子自然是极好的，但过度的溺爱反而会害了孩子，四年级的莹莹年纪已经不算小了，老师的做法是非常好的，让班级里所有的孩子都去做同样的事情，有利于他们树立独立意识，建立责任体系。而妈妈不但不鼓励她和其他同学一样锻炼自己，反而一味地维护她，这会使再次面对此类事情的时候孩子依旧不肯面对，依旧让父母来帮自己解决，永远不肯动手去做自己力所能及的事情。

而且，妈妈在遇到问题时首先想到的不是去教育孩子，而是去帮她解决，这会让孩子产生强烈的依赖心理，会觉得"就算我不做也有人帮我做"，对孩子责任意识的形成是极其不利的。那么，到底是什么原因导致了这种现象呢？

第一，身为全职妈妈，她的主要职责就是照顾好孩子，这是在孩子幼年时期就逐渐形成的一种固化思想，当孩子年龄逐渐增长时，妈妈没有做出正确的改变，从而思想支配行动，依旧采用幼年时期的教育方式，但孩子毕竟是逐渐懂事的，她会受到父母行为的影响，如果父母不能及时帮她们培养责任意识，那么孩子是不会去自然主观地学会的。

第二，长辈的影响。现在的孩子不只是父母的心头肉，更是爷爷奶奶姥姥姥爷的小宝贝，很多家长在管教孩子的时候爷爷奶奶姥姥姥爷总是会出来"维护"孩子，就算偶尔父母想锻炼孩子，爷爷奶奶姥姥姥爷也总是以"孩子还小"为借口来过度维护他们，久而久之，孩子就会产生逃避心理。

第三，长期不实践导致兴趣缺失。孩子从出生开始就应该是对世界充满好奇的，他们会主动去接触新事物，当他们去做一件事情时父母采用的是鼓励而不是规避的方式，那么长期下去孩子自然而然就愿意自己动手，所以父母对他们的教导直接影响了他们今后的行为，即后天学习的重要性。但如果父母长期让他们处于一种屏蔽外界的环境中，一开始可能会使他们很好地成长，但从长期发展来说，是极其不利的，因为人都是在学习新事物中成长的。

对策

　　父母在照顾孩子的同时也要帮助他们树立正确的责任观。正确责任观的树立方式最好的就是幼时细心呵护，年龄合适的时候适当放手，让他们勇于尝试，经常接触新事物，勤动手做事，哪怕是一些微不足道的小事，对于他们成长的意义也是非常重大的。

　　当孩子遇到一件事时，父母要做的不是去帮他完成，而是要在合适的时机去引导他，让他清楚这件事应该怎么做，这才是最好的方式。有些事情只要父母给孩子指明了道路，孩子就可以自己做好，也会承担起这份应尽的责任。

　　雄鹰的飞翔是在父母的放手中成就的，孩子的责任感也是一样，只有放开庇护的双手，相信他们可以做到，才能让他们在实际中体会到什么是责任，以及自己完成一件事后的成就感和喜悦感。

　　父母还应该多鼓励、多表扬孩子，当孩子努力去做了，或做得很好时，家长要立即予以称赞和鼓励，以调动孩子的积极性，增强孩子的自尊心和自信心。但是表扬不要物质性的，如果是物质性的可能会让孩子产生虚荣心，久而久之，反而会阻碍孩子的健康成长。

　　另外，要让孩子养成一个好习惯，孩子不喜欢做某件事情，也许是因为它太没意思了，勾不起孩子对它的兴趣。此时父母需要用合适的方式来引导孩子。

　　除此以外，父母在孩子对于责任的概念比较茫然的时候，要以生活中的实例来说明，让孩子可以具体体会到什么是责任，这远比空谈责任的效果要好得多。总之，孩子的责任感要适当地顺其自然，要适时地放开双手，不要一味地让他们活在父母的羽翼之下，毕竟父母不可能在他们身边帮他们解决生活中遇到的所有问题。

第三节　监督孩子遵守承诺

背景：爸爸是公司职员，妈妈是老师，豆豆是小学二年级的学生。

问题：父母总觉得豆豆还小，小孩子说的不用当真，豆豆也就习惯性的不遵守承诺。

豆豆念小学二年级了，一天上课的时候老师布置了今天的值日任务，每位受布置的同学都需要留下来完成自己的任务，老师临走之前问了大家："同学们今天可以完成值日吗？"

"可以。"大家纷纷回答，小琪说："老师，我发烧了，妈妈让我早点回家。"

"好的，那么有哪位同学愿意帮助小琪呢？""我帮她，我的任务比较少，我结束后把她的那份也做了吧。"

"豆豆真棒，那就交给你啦，大家一起努力吧！"

但豆豆将自己的工作做完之后就和其他值日同学一起走了，并没有帮小琪值日，结果班级由于一个地方不干净而没有得到优秀评分。

第二天，老师单独把豆豆叫到外面，"豆豆，你昨天是不是忘记帮小琪同学值日了？"

"没有啊，我的任务完成以后就和其他同学一起走了。"

"我说的是你帮助小琪同学的工作，那就意味着你自己的完成以后也要把他的完成了。""为什么要帮小琪同学做？""小琪昨天生病了，你自己愿意帮他的啊"。

"我不记得了。"老师见谈话无法进行就让豆豆进教室了。

放学时豆豆爸爸听说了这件事，就连连和老师道歉"真不好意思，豆豆还小，难免会记不住任务什么的"。

"二年级也不小了，该负的责任还是要懂的，尤其是孩子自己承诺的事，要让他有责任意识啊。"

"还是他年龄太小了，再大点儿就好了，小孩子说的话，前面说过后面就忘了。"

豆豆也在一旁说道:"我不记得我说过要帮小琪值日。"

"对对对,可能是老师记错了。"

老师听后无奈说道:"算了算了,你带豆豆回去吧。总之你们做家长的自己把握好孩子的教育,责任心缺失不是小事。"

豆豆爸爸听后满口应承下,就和老师道别,带着豆豆回家了。

 分析

故事中的豆豆对自己承诺的事情不予负责,还一味地否认自己的承诺,父母对于这种情况不但不予以更正,还以他年纪小为借口帮他说话,这会让孩子再次面对承诺未履行时依旧采用相同的方式来逃避责任。老师的做法是正确的,但父亲似乎并不配合,而是为孩子辩解。

对于孩子来说,失信于人是有重复性的,第一次不能遵守承诺时父母没有及时更正而是采用纵容的处理方式,会使孩子产生侥幸心理,他们会觉得不能遵守并不会有什么后果,只要不承认就行了,反正父母也不会责怪。这对于孩子的成长是极其不利的。

是什么原因导致这一情况的呢?

过分溺爱。父母总有一种孩子还小,不用懂事的观念,对于孩子的失信一味地包庇,不能正确地认识到孩子的变化和对应年龄段应该承担的责任及遵守的诺言。

没有及时纠正。父母在孩子没有遵守承诺之后,没有及时对孩子的失信行为做出纠正,当孩子第二次发生失信的事情时,他们就会有上一次父母对自己纵容的侥幸心理,并且日益严重。久而久之,他们就会习惯性不遵守承诺,也并不觉得这有什么错,当这种习惯养成以后,别人再去帮他纠正时,困难就极其大了。

父母没有意识到承诺对孩子成长的重要性。对于孩子来说,注意力经常会被其他事情吸引而忘记自己的承诺,如果此时父母也不能及时意识到,不能从旁提醒他们,那么孩子就很难对自己说过的话负责,也会让孩子养成不守承诺

的坏习惯。

对策

父母要时刻牢记孩子的每一句承诺，不给他们耍赖的机会。哪怕一天工作结束非常劳累，也要适当地提醒他们今天是否有未履行的诺言。

当孩子不遵守承诺时，父母可以同样不遵守承诺他们的事情，让孩子体验不守承诺对自己的影响。同样地，如果父母无意间忘记了对孩子承诺的事，就要及时向孩子道歉，给孩子做一个好榜样。不能因为孩子年龄小不懂事就可以忽略对孩子的承诺，孩子会因此对父母失去信心，也容易朝着失信的路上偏移。

孩子的学习天性是非常强的，要利用这一优势，在最好的阶段培养他们的优良品质，并不断完善。孩子就像是一株树苗，如何成长全靠父母的教导与监督，毕竟孩子的自律性相对于成年人来说是较差的，但只要有一个好的开端，必定能朝着正确的方向继续完善。

监督孩子要遵守承诺，父母需要做到言传身教。不能只是言语上督促，当孩子真的没有遵守时却不管不顾，听之任之。也不能说着让孩子做一个守承诺的人自己却每天做着一些失信于人的事，这样无异于给孩子心中种下质疑和叛逆的种子。

要想孩子产生实际性自觉遵守承诺的习惯，就需要父母的言传身教加上时刻监督。

第四节 消除孩子依赖性

背景：爸爸是大学老师，妈妈是餐厅经理，圆圆是一名小学五年级的学生。

问题：圆圆父母一直都因为工作而忽略了孩子的教育工作，所以一回到家就对圆圆"百依百顺"，在学校圆圆有老师的照顾，回到家又有父母的宠溺，所以很少自己做事情。

一天圆圆妈妈上班快要迟到了，就让圆圆自己穿衣服起床，但从小"衣来伸手，饭来张口"的圆圆哪里愿意呢，就是不愿意自己穿，说："每天早上都是妈妈给我穿衣服，为什么今天我要自己穿啊？"

"圆圆乖，妈妈昨晚工作太晚，今天起晚了，来不及帮你穿衣服，待会儿你收拾好以后在门口等校车自己去上学。"

圆圆坐在床上丝毫没有要自己穿衣服的意思，"圆圆不要，圆圆就要妈妈给我穿，妈妈不帮我穿我自己穿不好的"，说着就哭了起来。

妈妈见状急忙哄了起来"圆圆不哭，妈妈给你穿就是了"。语音刚落，圆圆就笑了。

"妈妈给圆圆洗脸好不好，我会把衣服弄湿的。"

妈妈叹了口气，说："好好好，反正都迟到了，也不差这一会儿了，你先刷牙，等会帮你洗脸。"

一切解决之后，"你书包呢？"

"在楼上啊。""为什么不背下来？"

"昨晚妈妈没有帮我把书包收拾好，怎么背啊？""妈妈工作忙，自己快点去收拾一下。"

"收拾书包太麻烦了，你不帮我收拾我不会的，妈妈你就去帮我收拾一下吧。"

妈妈又急忙上楼把她的书包收拾好，刚下楼校车就来了，把圆圆送上车的妈妈也急忙赶往餐厅上班。妈妈对今天早上的事情很无奈，但鉴于平日里对孩子照顾太少，又不好再去责怪她，只能叹了叹气，投身到繁忙的工作中。

分析

故事中的圆圆从起床开始就依赖于妈妈，完全不能独立完成一件事，哪怕在妈妈的劝说下也无动于衷，依旧坚持让妈妈帮自己穿衣洗脸，甚至快要上学了连书包也不知道收拾，所有的事情都依赖妈妈处理。

而妈妈在面对孩子的无理取闹时，依旧是以宠溺的方式去解决，这是极其错误的做法，长此以往，会让孩子失去独立意识，不愿尝试自己做事，而是所有的事情都想要依赖别人来完成。

父母对孩子的爱是无私的、伟大的，总希望把最好的给他们，总想把他们照顾得无微不至，他们对孩子的关注度远远超过了自己，但有些时候，过度的照顾往往会给孩子的成长造成很大的障碍。在溺爱中成长的孩子，缺乏必要的独立能力和独立精神，往往不能独立去面对生活中的问题。

到底是什么原因导致孩子依赖性过强呢？

首先是父母过于宠溺。孩子有依赖性不过是因为身后有人帮自己做事情。当父母工作忙碌时，首先想到的应该是将孩子不周到的地方做到最好，但往往是这种"帮助"，反而会害了孩子，让他们总喜欢把事情留到最后，等到别人来帮助自己完成，长此以往孩子将严重缺乏主观能动性。

其次是父母缺乏独立意识。孩子的后天行为方式受到父母的影响是最大的，只有当父母意识到要培养孩子的独立意识，要让他对自己的行为负责，不能让孩子太依赖自己时才能从根本上解决这一问题。很多时候我们都知道孩子应该学会独立，但可能这种想法具有间歇性，即意识到的时候就加强孩子的独立教育工作，意识不到时就随遇而安，不去刻意强求。往往是这种对待孩子的差异性，更会加重孩子的依赖性，他们会对依赖和独立的概念及意义更加迷茫，久而久之心中没有那道约束力，就会产生随心所欲的"想做就做，不想做也有人帮我做"的想法。

 **对策**

在孩子的教育工作方面，很重要的一点就是坚持，如坚持让他自己做一件事，不能因为特殊情况就"宽容待之"，这样一来，下次当你不督促他去做时，他也会习惯性地自己完成。

我们要清楚的是，把孩子照顾好不等同于什么事都帮他，真正的照顾好是让他向着良好的方向成长、发展，而不是一味地宠溺，最终成为一个依赖性极强的"巨婴"。父母要在原有的教育基础上适当地放手，逐渐降低孩子的依赖感，最终使他们适应这种改变，使其依赖感降到最低值，这样当他们在今后的生活中遇到问题时才能自己有主见地去解决，而不是畏首畏尾地等着父母帮忙，这样的孩子才能真正地做到对自己负责。

首先，父母要让孩子学会自己替自己做出选择，并让他们对自己的选择负责。现在很多父母都是万事包办的教育方式，导致孩子上学、工作，甚至进入社会后不能独当一面。为什么现在孩子依赖性过大，很大一部分原因就是父母什么事情都替孩子做主，甚至直接把孩子的事情做到完美，从而更大程度上增加了孩子的依赖心理。

其次，父母要经常监督孩子，替孩子记下生活中他们所承诺过的琐事，要让他们逐渐养成哪怕事情再小也要遵守诺言的习惯。也要经常教导孩子了解承诺的重要性，以身作则，以实际行动去督促孩子，做到言语与行动并行的双向监督，使效果更加全面化。

最后，让孩子养成自己的事情自己做的习惯。科学家表示，一般孩子在3岁左右就会形成自我服务意识，并且具备自己穿衣等简单的自理能力。所以，父母要时刻关注孩子在不同年龄段应该具备的独立能力，从而选择适合的措施，培养孩子的独立意识，摆脱依赖性，成为一个对自己负责的人。